Lib 48 2306.

PRÉCIS
DU PROCÈS

DE MM. TROLÉ, VALTERRE ET PEUGNET, EX-OFFICIERS D'ARTILLERIE, PRÉVENUS D'ATTENTAT CONTRE LE GOUVERNEMENT ROYAL ET D'ASSOCIATIONS SÉCRÈTTES DANS LEURS CORPS RESPECTIFS;

JUGÉ

PAR LE DEUXIÈME CONSEIL DE GUERRE PERMANENT DE LA CINQUIÈME DIVISION MILITAIRE, SÉANT A STRASBOURG, DANS LES SÉANCES DES 22, 23 ET 24 JUILLET 1822.

Parturient montes....

STRASBOURG,

CHEZ JEAN-HENRI HEITZ, IMPRIMEUR-LIBRAIRE,

RUE DE L'OUTRE N. 3.

1822.

INTRODUCTION.

LE trois Avril dernier, dès 6 heures du matin, un appareil extraordinaire, un déploiement inusité de forces, dans les environs de la citadelle, éveilla la curiosité des habitans de Strasbourg; on apprit bientôt que plusieurs escouades de gendarmerie avaient été apperçues, se dirigeant vers la prison militaire de cette ville. Les bruits les plus sinistres furent répandus : la ville venait, disait-on, d'échapper à un vaste complot tramé par les ennemis du gouvernement, et à toutes les horreurs qui peuvent accompagner une révolte. La tranquillité dont la veille encore on avait joui, ne contribua pas peu à faire naître un étonnement général. On remonta à la source d'un événement aussi extraordinaire. Un rapport adressé à l'autorité militaire par le Sieur Charvais, lieutenant au 40.ᵉ régiment d'infanterie de ligne, en était la cause; il eut pour résultat l'arrestation de MM. Trolé, lieutenant d'état-major, attaché au bataillon de pontonniers; *Valterre*, lieutenant en premier à la cinquième compagnie des ouvriers d'artillerie; *Peugnet*, lieutenant au 3.ᵉ régiment d'artillerie à pied, et *Gaillardon*, lieutenant au même régiment.

La vigilance de M. le lieutenant-général, Baron *Pamphile de Lacroix*, commandant la 5.ᵉ division militaire, et sa sollicitude pour les paisibles Strasbourgeois, fut poussée jusqu'au point de faire fermer la citadelle, et d'intercepter ainsi, pour le salut de tous, un passage indispensable aux cultivateurs et aux négocians de la ville. De nombreuses patrouilles, dans lesquelles les officiers de la police municipale ne figuraient plus, parcouraient les rues, et de nombreux détachemens de troupes, les armes chargées, et groupés autour des casernes, veillaient à la sûreté générale. Si ces démonstrations furent suffisantes pour convaincre les Strasbourgeois que l'autorité leur annonçait l'existence d'un complot, elles ne purent vaincre les doutes qui s'élevaient de toutes parts sur la réalité d'une conspiration.

Les quatre officiers que leur arrestation désignait comme les chefs du complot, étaient connus: distingués par leur mérite personnel, par les connaissances qu'ils possédaient, par leur amour pour l'étude, leur sévère exactitude à remplir leurs devoirs militaires, par l'aménité de leurs mœurs et la franchise de leur caractère, ils étaient cités au premier rang parmi les officiers de l'arme distinguée à laquelle ils appartenaient.

(5)

L'on apprit que le lieutenant Charvais avait précipitamment quitté la ville, et le bruit se répandit qu'il avait pris la route de Paris. Ce bruit se changea bientôt en certitude, par la nouvelle que l'on reçut qu'il avait été promu au grade de lieutenant dans le 5.ᵉ régiment d'infanterie de la Garde Royale.

Après être demeurés quelques jours dans les prisons de cette ville, au secret, les quatre officiers furent conduits séparément, enchaînés et accompagnés de gendarmes jusqu'à Paris: là, menés en la présence de M. le Lieutenant général Coutard, les promesses, les menaces, et d'autres moyens que la lecture des débats dévoilera, furent employés pour leur arracher des déclarations; enfermés dans des prisons différentes, au secret, dans des chambres de six pieds carrés, chaque jour de nouvelles tentatives furent faites pour obtenir ou des aveux, ou des détails plus circonstanciés sur les déclarations qu'ils avaient faites, et que les assurances d'une prompte réunion avec leurs amis, qui, disait-on, avait chacun confessé sa participation au complot, leur avaient arrachées. Leur détention se prolongeait; l'isolement où l'on les avait placés, les couleurs sombres sous lesquelles on leur peignait leur avenir, avaient abattu leur courage; on sut mettre leur sensibilité à profit, et les trois prisonniers demandèrent à être expatriés, promettant de ne revenir en France qu'avec l'autorisation du gouvernement: ce point obtenu, leur secret fut levé.

Réunis le 21 *Avril*, ils purent enfin connaître les moyens qu'on avait employés pour les perdre, et dès ce moment le mépris et l'indignation furent les seuls sentimens qu'ils vouèrent à ceux qui avaient violé à leur égard les lois de l'honneur et de l'humanité. N'ayant depuis le 1.er *Avril*, conformément au règlement militaire, touché que le tiers de leur solde, et les usages et règlemens de la prison les astreignant à payer leur dépense, jour par jour, et fixant le minimum de cette dépense à 63 francs par mois, ils se trouvaient dans l'impossibilité de faire honneur à leurs affaires, malgré les privations qu'ils s'imposaient. Envain firent-ils réclamer auprès de M. le général Coutard pour obtenir les vivres de prison, fondant leurs réclamations sur leur dénûment absolu, et l'impossibilité physique de payer 63 francs, n'en touchant que 40 : QU'ILS S'ARRANGENT, COMME ILS POURRONT, *fut toute la réponse qu'ils obtinrent. Envain, l'un d'eux, chez lequel on avait trouvé des lettres de change, lors de son arrestation, et qui avait donné tous les éclaircissemens possibles et des preuves irrécusables de la pureté de leur source, les fit-il demander, pour subvenir à leurs besoins communs :* UN ORDRE DU MINISTRE DÉFEND QUE CET ARGENT VOUS SOIT REMIS, *fut la réponse qu'on lui donna.*

À ces privations s'en joignirent d'autres qui ne leur furent pas moins sensibles ; par ordre de l'état-major il leur était défendu de lire un autre journal que le Moniteur, qu'il leur envoyait. Leur secret étant levé, se trouvant par conséquent dans la catégorie de tous les autres détenus, ils demandèrent à lire les journaux qui défendent avec tant de courage les intérêts de la patrie et nos libertés publiques. On s'y refusa opiniâtrement ; et enfin, joignant au refus l'ironie et la mystification, on leur permit de lire..., le DRAPEAU BLANC et la QUOTIDIENNE.

C'est ainsi qu'ils ont vécu jusqu'au 20 Mai, jour où M. le colonel Aloys vint leur dire de la part du ministère qu'il était décidé qu'ils seraient exilés à Colombie, qu'ils seraient conduits par la gendarmerie jusqu'à Rochefort, et que là on les embarquerait sur un bâtiment de l'état, qui devait faire voile pour Rio-Janeïro. Il leur dit de plus, qu'ils étaient rayés des contrôles de l'armée, par ordonnance du Roi, du 8 Mai, et qu'ils toucheraient leur solde entière jusqu'à cette époque. — Ils témoignèrent à M. le colonel toute l'indignation qu'une pareille conduite leur faisait éprouver, et lui dirent qu'ils se concerteraient et feraient savoir le lendemain leurs intentions au ministère.

Une défiance bien naturelle leur dicta la lettre qu'ils écrivirent à cet égard. Le ministère avait perdu tout droit à leur confiance ; ils lui manifestèrent la résolution de ne quitter Paris qu'après avoir en main des garanties écrites pour les conditions qu'ils faisaient ; — pour toute réponse, on les mit de nouveau au secret. Ce dernier acte arbitraire les révolta et quoique séparés, ils écrivirent spontanément, tous les trois à M. le général Coutard, pour lui reprocher sa déloyauté, et à S. E. le ministre de la guerre, pour lui demander des juges.

Le surlendemain de l'envoi de ces lettres, leur secret fut levé, et M. le colonel Aloys vint leur dire que la détermination du gouvernement était invariable et que, malgré leur refus, on saurait bien les forcer de partir. Ils donnèrent alors leur parole d'honneur qu'ils ne partiraient pas, et que si l'on osait employer la force, ils feraient la plus vive résistance, qu'on ne les arracherait que morts de leur prison, et qu'ils rendraient le pouvoir responsable aux yeux de la France entière, de la violation de leurs personnes. Enfin, le 24 Mai, M. le colonel Aloys vint leur annoncer qu'ils allaient retourner à Strasbourg, pour y être jugés, laissant toutefois encore à leur disposition, de partir pour Colombie, en les assurant qu'on avait souscrit à toutes leurs conditions. Mais il était trop tard, ils ne voulaient plus que des juges.

L'ordre leur fut donné de se tenir prêts à partir le 27, et ceux qui par un abus incompréhensible, avaient trouvé de l'argent pour amener les accusés à Paris, en poste et à grands frais, lorsqu'il s'agissait de leur perte, lorsqu'ils demandèrent des juges, les firent partir à pied, conduits

par la gendarmerie de brigade en brigade, attachés par les poignets et par les bras, tantôt avec
des lacets de voleur, tantôt avec des chaînes ou
des menottes, tantôt enfin, avec les autres instru-
mens employés pour les plus vils criminels, avec
lesquels ils ont été confondus pendant la durée
de leur route. Leur pitié n'alla pas même jusqu'à
leur donner les moyens de manger du pain, ni de
coucher sur de la paille fraîche ; puisque desti-
tués depuis le 8 Mai, par conséquent sans solde
depuis cette époque, on les fit voyager avec des
feuilles de route d'officiers, ce qui au terme des
règlemens militaires ne leur donnait droit à rien
dans les prisons où ils étaient obligés de séjour-
ner.

Après un voyage aussi pénible que dispendieux,
ils arrivèrent enfin à Strasbourg. Ils furent immédiatement séparés et mis au secret dans des chambres aux fenêtres desquelles, par une prévoyance
toute paternelle, on avait fait placer des abat-
jour, ce qui, par les fortes chaleurs, rendait ce
séjour insupportable et nuisible à la santé. Sans
égard à leur réunion à Paris, et pendant le trajet
qu'ils venaient de faire ensemble, ils n'en restèrent
pas moins quinze mortels jours au secret. Réunis
enfin pour la troisième fois, ils espéroient jouir
du bonheur d'embrasser leurs amis, mais un système établi spécialement pour eux fit supprimer
d'abord les permissions permanentes et mit tant
d'autres entraves, qu'à l'exception de leurs défen-

seurs et d'un très-petit nombre d'amis, ils ne pûrent recevoir personne.

Pendant ce tems leur procès s'instruisait, et les détenus ainsi que le public de Strasbourg apprirent avec une égale joie que l'ouverture des débats était fixée au 22 Juillet. Les trois officiers attendaient avec impatience ce jour qui devait les rendre à la liberté ; la curiosité publique espérait que les détails de l'affaire, mis au jour, lui apprendraient enfin ce qu'elle devait croire d'une conspiration dont on se doutait si peu, et que le dénonciateur avait si fastueusement annoncée.

2.ME CONSEIL DE GUERRE

PERMANENT

DE LA CINQUIÈME DIVISION MILITAIRE.

Séance du 22 Juillet 1822.

Dès huit heures du matin la foule assiègeait les portes du Palais de justice, où le conseil avait par extraordinaire transféré le siège de ses séances, les accusés ne doivent pas paraître à cette audience, aussi n'apperçoit-on que le nombre de soldats nécessaire pour le maintien de l'ordre : La salle des assises est bientôt envahie, les curieux qui ne parviennent pas à se placer, entrent dans la cour du palais, à onze heures le conseil entre en séance, il est composé : de

MM. FANTAIN DES ODOARTS, colonel du 3.e régiment d'infanterie de ligne, Président;

Du PRÆL, chef de bataillon au 25.e de ligne,
LE MIERRE, capitaine au même régiment,
ALLARD, capitaine au 3.e de ligne,
PIGEON, lieutenant au 25.e de ligne,
CREBASSAN, sous lieutenant au 3.e escadron du train d'artillerie,
FRIZON, sergent-major au 40.e de ligne,

Juges;

Du MESNILDOT, capitaine au 25.e de ligne, Rapporteur;
DUMAY, capitaine du génie, Procureur du Roi;
GAILLARD, Greffier.

Les défenseurs sont au banc des avocats.

(12)

Deux sténographes envoyés par l'autorité militaire occupent une place dans l'enceinte du parquet.

M. le Président demande aux défenseurs s'ils consentent que le nombre des auditeurs excède celui fixé par la loi : ils s'empressent de répondre affirmativement, et d'en donner acte, M. le procureur du Roi donne également acte de son consentement. La séance est ouverte.

M. le Président. J'avertis le public que toute marque d'approbation ou d'improbation est ici sévèrement défendue, et que si le silence le plus absolu n'était pas observé je ferais évacuer la salle.

On fait l'appel des témoins tant à charge qu'à décharge. Aucun ne répond,

M. le Président avertit que si l'un des témoins appelés se trouvait dans la salle, il eut à se retirer dans la chambre qui leur est destinée.

On procède à la lecture des Piéces du procès.*)

(Reçu le 29 à 8 heures du matin.)　　*Le 28 Mars 1822.*

　Mon Colonel,

Je crois devoir en loyal officier du 40.ᵉ vous rendre un compte exact de la conversation que j'ai eue dans la soirée même avec un officier d'une arme étrangère à la nôtre. Quand on exigera que je décline son nom, je m'y soumettrai, mais il m'est si peu connu que je serai obligé auparavant de m'en informer. Si mon honneur me porte à une telle dénonciation, je vous supplie de penser que je ne consentirai jamais à faire des démarches qui pourraient en rien ressembler à un espionnage. Je m'en rapporterai d'ailleurs à vos sages conseils pour diriger mon inexpérience.

---

*) Cette lecture qui a duré cinq heures a rempli cette première séance: nous ne pouvons offrir à la curiosité de nos lecteurs que quelques unes de ces piéces; ce sont les seules que nous ayions pu nous procurer,

(13)

Depuis plusieurs jours un officier d'état-major prend ses repas à la même heure et dans la même pension que nous. Cet officier auquel je n'avais parlé qu'une seule fois en ma vie, a profité de cette ébauche de connaissance pour m'inviter ce soir à prendre le café avec lui. Nous nous sommes dirigés vers le café *Chabert*, et nous avons eu la conversation suivante, dont je vais vous rapporter, autant que ma mémoire pourra me le fournir, jusqu'aux moindres expressions.

» (*L'officier d'état-major.*) Il y a à notre pension un élève » en droit en lunettes qui a le verbe bien haut. C'est un li- » béral enragé. — (*Moi.*) Je vous promets qu'il fera fort bien » de manifester ses idées de manière à n'être point entendu » de notre table... — (*L'officier.*) Que pourriez vous faire, » monsieur, à un individu qui n'étant attaché en rien au » gouvernement, manifeste une opposition qui est l'expres- » sion de sa pensée? — (*Moi.*) Quand on s'exprime d'une » manière contraire au gouvernement devant des officiers » revêtus de leur uniforme, je pense qu'on leur manque et » qu'on ne doit pas le souffrir. — (*L'officier.*) Dans ce sens » je suis parfaitement de votre avis, mais pour l'exercice de » la pensée, personne n'a le droit de trouver mauvais qu'il » se fasse lib ement, et Solon, dont un homme célèbre à juste » titre, *Manuel* le député, a rapporté la sublime pensée a » dit: (Je ne puis me rappeler cette pensée et quelques » phrases qui ont suivi celle-là.) J'ai seulement dirigé sans » la moindre intention de manifestation d'opinion, la con- » versation sur le mérite littéraire de Manuel. — (*Moi.*) Ce » Manuel est vraiment un homme d'une profonde instruction, » et je crois, toute opinion à part, que c'est le député le » plus éloquent de la chambre; *Benjamin Constant* est trop » prolixe. — (*L'officier.*) Je ne suis pas de votre avis, car » le Français par excellence, l'homme dont le raisonnement » est le plus vigoureusement clair, est *Lafayette*, le plus beau » caractère de la liberté. (Il m'a analysé ainsi le mérite qu'il » accordait à beaucoup de députés et présumant par ma ma- » nière de ne pas contrarier son jugement, que j'étais du

» côté gauche, il s'est abandonné à des idées tellement fortes,
» que j'ai eu le désir de voir, où il voulait en venir.) —
» (*L'officier.*) On va trop loin et si on veut nous faire ré-
» trograder jusqu'au 17.e siècle, il n'est pas certain qu'on le
» souffre longtems. Qui vous dit que ce qui existe aujourd'hui
» existera demain? — (*Moi.*) Vous avez raison, et je crois
» qu'à force de conspirations, on finira par en faire une
» belle qui culbutera tout. — (*L'officier.*) Tenez, vous m'in-
» spirez de la confiance et comme je crois que nous pensons
» de la même manière : je puis m'ouvrir à vous. Si on vous
» disait, par exemple, qu'il doit y avoir un mouvement,
» qu'on vous mettra au courant de tout, sans vous compro-
» mettre en rien, que vous ne seriez qu'un agent secondaire
» qui n'agiriez même pas, que feriez vous? — (*Moi.*) Si je
» ne voulais pas m'en mêler, du moins je *puis vous jurer que*
» *je ne dénoncerais personne, car j'ai une trop grande horreur*
» *pour les dénonciateurs.* — (*L'officier.*) Eh bien, mon cher,
» promettez-moi votre parole d'honneur, que vous ne parle-
» rez point de ce que je vais vous dire; j'ai été trop loin pour
» reculer. — (*Moi.*) Je vous donne ma parole. — (*L'of-*
» *ficier.*) Vous êtes officier d'honneur, je compte sur vous,
» d'ailleurs je ne vous crains point, personne ne nous en-
» tend. Il doit y avoir dans la garnison un mouvement, et
» ce mouvement a ses ramifications avec Paris. Je vous ré-
» pète encore, que vous ne serez compromis en rien, que
» vous n'agirez point, que vous n'exécuterez que des ordres
» qui vous seront transmis par des généraux. — (*Moi.*) Je
» promets de faire ce que vous voudrez, pourvu que vous
» me donniez aussi votre parole d'honneur que vous ne par-
» lerez à personne de notre conversation. *Je m'ennuie aussi*
» *d'être le marche-pied des comtes et des marquis.* — (*L'of-*
» *ficier.*) Vous êtes un bon enfant et nous ne serons pas as-
» sez lâches pour ne pas imiter cette belle Espagne qui vit
» maintenant sous le régime sublime de la liberté. Je ne vous
» cache point que je suis dans une société secrète et qu'on
» nous nomme *Carbonari.* Il y a deux ans que j'y suis, et
» il y a deux ans que nous ruminons ce qui va éclater. Vou-
» lez vous être de cette société. — (*Moi.*) J'y consens pour-

» vu qu'*il n'y ait ni signes* de ralliement, ni listes. — (*L'of-*
» *ficier.*) Il *n'y a rien de tout cela*, je vous en réponds, d'ail-
» leurs vous n'aurez à faire qu'à des officiers comme vous.
» Nous serons huit allant continuellement ensemble, et vous
» ne serez compromis que de cette manière. Vous sentez
» qu'il n'y a aucun soupçon à former si on vous voit avec
» d'autres officiers ; vous n'aurez absolument qu'à exécuter
» des ordres qui vous seront transmis par des officiers supé-
» rieurs et des généraux. Vous verrez que tout ira bien. Il
» y a à la tête de tout cela les hommes les plus marquans
» de la France et surtout des députés ; dans l'intérieur de
» la chambre même nous avons nos hommes. Demain je
» vous présenterai à ces messieurs et je ne doute nullement
» que vous ne soyez admis, je me charge de votre affaire.
» Nous avons une correspondance si active avec Paris que
» tous les huit jours il part un de nos affidés, et tout cela
» tournera au moment où vous vous y attendrez le moins.
» Demain ou après demain à peu-près à la même heure, on
» vous *fera prêter les sermens de l'ordre, et si* dans ce ser-
» ment il y quelques articles qui répugnent à votre conscience,
» nous les discuterons et nous nous en rapporterons à l'avis
» des plus raisonnables. Ne croyez point que *Berton* qui est
» un homme d'un grand mérite, soit en déroute comme on le
» dit. — (*Moi.*) Je ne l'ai jamais cru un instant. Mais si
» vous voulez, dans le régiment on peut sans doute trouver
» des sous-officiers. — (*L'officier.*) Nous ne voulons aucun
» sous-officier, ce sont toujours eux qui ont fait découvrir
» toutes les conspirations. Celle de Belfort p. ex. a été décou-
» verte par la maladresse d'un adjudant qui était condamné
» à la salle de police. Nous savions ici la veille ce qui devait
» se passer à Belfort, car nous avons des correspondances
» partout ; vous ne vous trouverez en contact qu'avec des
» officiers d'artillerie, vous savez entre nous combien le corps
» de l'artillerie est bon et libéral ! Vous ne craindrez de ceux-
» là aucune dénonciation. Il y a des officiers supérieurs d'ar-
» tillerie à la tête de tout ; quant aux soldats nous les trou-
» verons quand nous voudrons. — (*Moi.*) Mais le général
» Pamphile. — (*L'officier.*) Pour celui-là nous ne le crai-

» gnons pas et il y sautera comme les autres. Je suis très-
» bien avec lui et il me regarde comme un des officiers les
» plus distingués de la garnison. — (*Moi.*) Mais le général
» Rome, c'est un des plus à craindre. — (*L'officier.*) Celui-
» là sera des nôtres, au surplus on le mettra dedans comme
» les autres.

» Voilà à peu près, mon colonel, la conversation que j'ai
» eue avec cet officier. Demain je dois être initié dans l'ordre
» des *Carbonari.* Je vous jure *qu'il n'y a eu aucun antécédent*
» qui ait pu porter cet officier imprudent à me proposer si
» légèrement une chose aussi grave. J'ai abondé assez dans
» son sens pour lui faire croire à ma sincérité. J'ai cru qu'il
» était de mon honneur de tâcher de pénétrer dans les mys-
» tères épouvantables d'une conspiration aussi prochaine. Je
» ne suis point agent provocateur; on m'a provoqué. Je ne
» veux point être espion, mais je veux être fidèle à mes
» sermens envers le Roi.

» *) (*Je m'inquiète fort peu de la Charte, je n'ai prêté au-*
» *cun serment à cette institution.*) — Un quart d'heure après
» cette abominable conversation, le lieutenant-colonel Dillon
» en a été instruit par moi. J'étais dans une telle agitation
» que je pouvais à peine parler. Cette agitation ne me quit-
» tera que quand je saurai tous les dangers que courent les
» braves défenseurs du Roi. Je suis prêt à faire tout ce
» que vous m'ordonnerez ainsi que le lieutenant-général, je
» suis prêt à exposer ma vie de toutes les manières. Mais
» je vous en supplie, que je ne sois *point soumis au*
» *rôle infâme d'espion.* Je veux bien consentir à suivre le fil
» de cette affaire jusqu'à ce que j'aie tout découvert, mais
» je demande ensuite que mon nom, ne paraisse point. J'ou-
» bliais de rapporter qu'il s'est écrié plusieurs fois avec regret:
» nos bons régimens d'infanterie sont partis de Strasbourg,
» mais dans ce moment on travaille fortement l'infanterie.
» Enfin il me serait impossible de rapporter tout ce qui a
» pu se dire dans une conversation qui a duré une heure et

---

*) Les mots qui se trouvent entre deux parenthèses sont rayés
dans le manuscrit du S.ʳ Charvais.

» demie. Je pourrai mieux m'exprimer, verbalement à mesure
» que la mémoire me fournira d'autres traits marquans de ce
» qui a été dit : »» Toute la bourgeoisie et l'artillerie com-
» menceront le mouvement «« est la dernière phrase de cette
» conversation. «

Si vous voulez je vous écrirai jour par jour tout ce qui
me sera arrivé.

Je jure sur l'honneur que tout le contenu de mon rapport est l'exacte vérité.

Signé : Charvais,

Lieutenant au 40.e regim.^t de ligne.

» J'oubliais encore de dire qu'il ma désigné pour être de
» l'association des *Carbonari*, un nommé *Peugnet*, frère de
» ce *brave garçon* qui a tiré un coup de pistolet sur le com-
» mandant de place de Belfort. »» C'est le seul qui m'ait
» été cité. ««

Le 30 Mars 1822.

Je ne serai point encore reçu dans l'association des *Carbonari*
ce soir, attendu qu'il va s'y faire une organisation définitive
de huit en huit; je ne pourrai y être admis que lundi ou
mardi, parce qu'il faudrait que je fusse admis par dix-huit
officiers réunis, et que ce grand nombre pourrait donner
l'éveil à la police : je dois être reçu *solemnellement* par huit
membres qui seront les seuls avec lesquels je communique-
rai. Le *projet n'est encore que dans son enfance*, et n'avortera
que par les ordres reçus directement de Paris. Il est de la
plus grande utilité que le général qui veut bien m'honorer
de sa confiance, me laisse agir jusqu'à ce que je puisse avoir
découvert tout ce qu'il sera possible de pénétrer. J'écrirai
tous les jours, à toutes les heures, s'il le faut, ce qui me sera
arrivé; je l'informerai exactement de toutes les conversations que j'aurai avec mes *fidèles associés*, qui sont ravis de
m'avoir fait leur dupe. — La bande des officiers supérieurs
se nomme *grosse bande* ou *grosse vente*; ils ont seuls le
droit de connaître toute la filière de l'association. Il est inutile de faire observer que je ne sais tout ce que j'écris que

par M. *Trolé*, qui a répondu de moi, sous le rapport de la fidélité et du dévouement à la liberté. Rien ne se fait à Strasbourg que par les ordres immédiats de Paris.

Je dois avoir ce soir une grande conversation avec deux ou trois officiers d'artillerie, et j'espère que je découvrirai un signe de ralliement. Il vous sera rendu compte demain matin de cette conversation, qui devra être la plus intéressante. — *Personne n'épie ma conduite*, et tous les jours je verrai mon digne introducteur. — Tous les officiers du 29.ᵉ à Nancy ou une grande partie sont gagnés.

Je vous supplie, mon colonel, de vouloir bien faire parvenir ce rapport au lieutenant-général aussitôt après que vous en aurez pris connaissance.

Le 31 Mars 1822.

Je suis jusqu'à ce moment toujours dans la même situation : c'est-à-dire livré aux conversations particulières de M. *Trolé*. Les conversations qui me découvrent beaucoup de déterminations qui ne sont point encore fixée, sont moins que suffisantes pour motiver une accusation. Il sent si bien l'impunité de tous les propos les plus atroces qu'il peut me dire, qu'il ne les ménage d'aucune manière. Il est malheureux pour moi en citant ses paroles de compromettre des corps entiers, mais au moins j'aurai toujours à faire observer que je ne cite absolument que les propres mots qu'il me dit; je n'invente rien, je parle par sa bouche. Ce jeune *homme qui paraît avoir la plus grande habitude des conspirations, et qui prétend* même avoir été au courant de tous les progrès de celle du 19 Août, est doué du caractère le plus intrigant. On peut présumer que quand le moment du danger sera venu, aucun moyen ne lui semblera trop rigoureux pour la réussite. Il parle assez facilement de faire usage des poignards et des pistolets. Cependant il ne faut employer les assassinats, dit il, que dans le cas où on éprouve de la résistance. J'ai parlé fort longtems avec lui dans la soirée. Je remarque qu'il salue avec la plus grande familiarité des individus habillés en bourgeois, et qu'il appelle ou mon commandant, ou mon colonel. *Je présume que ce sont des officiers en non activité.*

Voici quelques fragmens des idées les plus fortes qu'il m'a communiquées. » *C'est un bien grand malheur pour nous,* » *que l'assassinat du duc de Berry, car sans cette mort-là,* » *nous n'aurions jamais eu le duc de Bordeaux...* Il ne nous » manquera bientôt qu'un général qui sous le prétexte de » prendre les eaux de Bade, viendra prendre le commande- » ment de Strasbourg. Que ce général soit *Sébastiani* ou *Ta-* » *rayre*, c'est ce qu'il nous faut. Il serait *désagréable* de tuer » le général *Pamphile*; je recommanderai à celui qui sera » chargé de l'arrêter de se contenter *de le blesser* s'il fait de la » résistance... Nous ne voulons dans notre association aucun » officier du troisième de ligne, parce que ce régiment nous » serait inutile. On ne peut sortir et entrer que par deux » portes dans leurs casernes, et deux pièces de canon à mi- » traille nous rendront tout-à-fait maîtres de ce régiment » de gredins."

Demain à 6 ou 8 heures du soir, l'association entière se rendra chez M. *Trolé*, pour procéder à l'organisation définitive. On veut arranger les ventes de manière que ceux qui les composeront soient de caractères différents. Les hommes prudents seront avec les enthousiastes, les timides avec ceux qui pourront les rassurer par leur témérité; enfin tout sera organisé de façon que la machine soit toujours tendue et en mouvement.

Voilà tout ce que j'ai appris aujourd'hui : la lenteur qu'on paraît mettre dans cette réception qu'on m'annonce maintenant pour mardi, me suggère des réflexions que je crois de mon devoir de signaler pour qu'on puisse prendre les mesures que dictera la sagesse. Je crois très-fermement qu'il n'y a encore que moi qui *soit en danger*, et que les projets de cette société infernale ne seront mis à exécution que *dans quelque tems*; cependant je commence à craindre qu'il ne s'exécute quelque mouvement, plutôt que je ne pourrais le présumer moi-même. Je crains de poser des questions, je n'ose manifester de trop grands désirs pour ma réception, et je vois avec peine qu'on ne se confie à moi, que dans le but de me laisser à un poste, où des ordres venus de je ne sais qui me feraient prendre les armes. Je puis me tromper, *je crois même que je me trompe*, mais je dois faire part de mes erreurs dans une circonstance que je juge plus importante de jour en jour. " Aussitôt que la " grosse tête qui viendra prendre le commandement général " de la conjuration, me disait encore M. Trolé, sera dans " nos murs, nous le saurons tous. On ignorera absolument " si elle vient par ordre du gouvernement, et tout le monde " s'empressera de lui obéir, quand le commandant de la " division sera disparu. — Les officiers supérieurs veulent " avoir l'air de nous mettre en avant, mais comme nos " vies nous semblent aussi précieuses que les leurs, nous " saurons bien déterminer leur irrésolution. Comme il y " aura un député de chaque association qui communiquera " avec leur *vente* comme avec les autres, on saura leur " expliquer qu'il faut qu'ils agissent aussi." Dans la position cruelle où je me trouve, j'espère ne pas manquer de persévérance pour faire tout mon possible pour l'utilité du gouvernement, mais j'avoue qu'au moindre soupçon qu'on aura sur moi, *je serai assassiné aussitôt.* Je vous prie d'attendre encore jusqu'à jeudi, je m'armerai d'assez de courage pour persévérer jusqu'à ce moment. Mais si ma réception n'a pas lieu, il faudra démasquer le projet en me faisant disparaître de la garnison. J'ai eu la précaution de faire mille questions sur l'utilité de pouvoir disposer des télégraphes; et d'après le dédain d'un pareil moyen qui serait d'autant plus absurde que le directeur général de Paris doit être un *gredin*, j'ai présumé que l'on peut sans crainte s'en servir. M. *Trolé* occupe son nouveau logement sur la place St. Etienne N.° 1, et c'est dans ce nouveau logement que l'association entière doit se réunir demain. Il m'a prié d'aller le voir le plus souvent que je le pourrais dans la journée. Il est contrarié du retard qu'on met dans ma réception, et veut m'entretenir toujours dans les *bons sentimens.* Je ne vois aucune espèce d'inconvénient de parler au lieutenant général quand il le jugera à propos. On me croit encore un membre de la société trop peu important pour se défier de moi ; et d'ailleurs on regarde comme un avantage de pouvoir acquérir son estime pour le trouver ensuite plus sûrement. On dit que la police est assez active pour savoir qu'il y a des associations ; mais qu'on défie toutes ses manœuvres de découvrir les individus de ces associations. Les prétextes seront un écarté chez M. Trolé, proposé même devant ceux qui ne sont point de la conjuration,

Le 2 Avril 1822.

Mon Colonel,

J'ai l'honneur de vous prévenir que définitivement je serai reçu ce soir à six heures très-précises, et qu'on me mettra au courant de tous les projets. On a plus de confiance en moi que jamais. Je dois être reçu en même tems qu'un capitaine du 3.e de ligne. On travaille le corps des officiers du train. Je suis plus rassuré que jamais. Le général *Pamphile*, le colonel de Salle, et vous, mon colonel, êtes les hommes désignés comme les plus dangereux et sur lesquels tomberait naturellement le choix des conjurés. Je vois avec le plus grand plaisir qu'aucun des fidèles officiers du 40.e ne sont séduits.

Si le général le désire, j'aurai une conversation ce soir avec lui, immédiatement après ma réception ; où si j'ai un rapport trop long à faire, j'y passerai la nuit. Puissent mes travaux ne pas être infructueux. On m'a dit que, depuis quelque tems, Paris ne s'occupait pas aussi particulièrement de Strasbourg qu'avant l'affaire de Belfort, et qu'il paraît que tous les efforts étaient dirigés sur le cordon sanitaire.

Envoyé copie au ministre
le 8 Avril.   *Le 2 Avril 1822.*

Mon Colonel,

Voici la dernière lettre que j'aurai l'honneur de vous écrire de Strasbourg, relativement à la malheureuse affaire, dans laquelle je me trouve malgré moi.

J'ai été définitivement admis dans l'association des *carbonari* entre six et sept heures du soir comme je vous en avais informé, j'ai un rapport très-étendu à vous faire, j'ai les renseignemens les plus précieux à vous donner. J'ai le nom de six officiers à vous signaler, mais comme je suis entouré de poignards et d'assassins, il m'est impossible d'avoir le sang-froid convenable pour écrire tout ce que je sais. S'il était utile au Roi que je sacrifiasse ma vie, je n'hésiterais pas un instant, mais comme la prudence ne peut nuire en rien à ma position épouvantable, j'aurai l'honneur de vous prier de supplier le lieutenant général de vouloir bien me faire partir dans une heure. Je serai suivi par un gendarme qui à deux lieues d'ici attendra avec moi dans une auberge que je vous aie fait le rapport circonstancié que *je méditerai une partie de la nuit*, de manière que vous l'ayez demain matin de fort bonne heure. Vous auriez aussi la bonté d'exposer au général que je suis absolument dénué de toute espèce de ressource pour faire le voyage. On n'a qu'à me donner l'ordre de me rendre à Paris pour y être à la disposition de son Excellence le ministre de la guerre, ou pour une mission extraordinaire.

J'ose croire qu'on ne m'accusera point de pusillanimité, car je sacrifierai tout pour mon devoir, mais je demande en grâce avant de parler d'être disparu de Strasbourg. *Je puis répondre de la tranquillité de la garnison pour cette nuit et pour la nuit prochaine peut-être ;* mais après ce tems je ne réponds plus des événemens. Il est de la plus grande utilité de faire éclater l'affaire. Ce n'est pas l'artillerie seule qui est à craindre, — il y a bien d'autres traîtres. Mais au moins nous pouvons dire avec orgueil que l'infanterie est toujours dans le chemin du devoir et de l'honneur.

J'aurai la douce consolation de penser que mes démarches auront peut-être sauvé la vie à un grand nombre de serviteurs du Roi.

J'ai l'honneur d'être etc.

Signé: *Charvais.*

Le 2 Avril 1822.

Je suis enfin tout-à-fait reçu dans l'association des *Carbonari*. Je me suis rendu à six heures précises chez M. Trolé, comme nous en étions convenus. Il se trouvait chez lui deux autres officiers, M. *Peugnet*, lieutenant au 3.e régiment d'artillerie à pied, et M. *Valterre*, lieutenant aux ouvriers d'artillerie. M. *Gaillardon*, qui, m'a-t-on dit, était aux arrêts pour un fait militaire, n'a pas pu assister à ma réception; mais je me suis trouvé en contact avec lui dans une autre occasion et je suis certain qu'il est un des principaux de l'association.

Aussitôt que j'ai été entré, on a fermé attentivement la porte et M. Trolé, m'a porté la parole à peu-près en ces termes: »Puisque ces Messieurs d'après les bons rapports que j'ai faits »sur votre compte, consentent à vous recevoir dans l'associa-»tion, je vais vous faire la lecture du règlement et à châque »article, vous répondrez : je le jure.« J'ai d'abord prêté le serment d'être à jamais fidèle à la liberté, d'employer tout ce qui pourra dépendre de moi pour coopérer à exécuter les projets qui seront déterminés par la société. On m'a repété à plusieurs reprises qu'il m'était encore facultatif de ne pas consentir à entrer dans l'ordre et que je pouvais m'en retirer. Sur mon intention manifestée fortement d'y entrer on m'a donné des détails sur les règlemens de l'association.

La société des *Carbonari* se compose, comme je l'ai déjà dit, d'une foule de réunions formées de huit personnes seulement. Ces réunions de huit personnes se nomment *Ventes*. Elles communiquent entre-elles par l'intermédiaire d'un membre de chacune qu'on nomme *Député*, et qui ne peut par conséquent connaître lui-même que deux ventes. En cas de dénonciation les députés seuls pourraient connaître *seize personnes*, tous les autres membres ne pourraient en connaître que huit. Il y a aussi dans chaque *vente* un président qui dans les discussions a droit d'ôter la parole et de l'accorder exactement comme dans l'assemblée nationale. Il y a aussi *un comité de salut public*, composé de trois membres. Ces trois membres sont chargés de veiller à la conduite de tous les *Carbonari* et ont seuls le privilége de connaître tout le monde. Ma mémoire peut me trahir, mais je pense que tous ces détails doivent se trouver dans le règlement qu'on pourra sans doute saisir dans le secrétaire de M. Trolé.

La grande association qui est à Paris se nomme *Vente suprême*. Ses membres sont en grande partie des députés de la chambre et on ne communique avec cette *vente supérieure* qui expédie tous les ordres, que par le moyen d'une toute autre *Vente* qu'on nomme *Vente centrale*. On a à Paris une correspondance qui ne se fait jamais par écrit. Un bourgeois de la société part, quand il le faut, prenant un passeport et fait communiquer ainsi toute cette filière d'associations.

Comme je ne devais aller prendre connaissance définitive du règlement qui paraît assez étendu, que demain matin, il y a un grand nombre de règles que j'ignore.

On donne cinq francs de réception et tous les mois *chaque membre verse un franc à la caisse*. J'ignore le but de cet argent.

On m'a assuré qu'il y avait trois cents bourgeois de Strasbourg qui étaient dans la société, qu'on en aurait eu bien plus, mais qu'on ne voulait absolument que la fleur de la ville ; que toute l'artillerie presque sans exception s'y trouvait et que le petit nombre d'officiers qu'ils ne recevaient pas ne méritait pas cette défaveur par son peu de fidélité, mais souvent pour des motifs étrangers aux *bons sentimens*, tels que l'ivrognerie dont l'indiscrétion pourrait faire des révélations dangereuses.

Avant de nous séparer, M. Trolé m'a dit pour dernière confidence et en présence des deux témoins que j'ai déjà cités, qu'il ne voulait point me tromper, et que le but de l'association n'était autre qu'une *conspiration en forme contre le gouvernement* et qu'ils étaient des conspirateurs déterminés.

Les deux autres ont approuvé cette vérité. Nous ne nous sommes quittés qu'en nous serrant la main affectueusement.

On m'a prévenu que quand j'aurais l'occasion de m'adresser à un officier supérieur de l'association, je ne devais pas me servir des mots d'esclavage, mon commandant ou mon colonel, mais l'appeler par la dénomination de *Bon Cousin*.

Il existait il y a long-tems un signe qu'on faisait en se prenant la main, mais comme la police en avait le secret, on l'a supprimé.

Les mots par lesquels on peut connaître si un individu avec lequel on cause est de l'association, sont: *Espérance*, *Foi* et *Charité*. On les emploie d'une maniére que je dois expliquer. Je citerai par exemple une phrase dans laquelle entrera le mot *espérance*. „Qu'on est heureux de vivre dans „l'espérance!" L'individu interrogé devra répondre une phrase dans laquelle il fera entrer le mot *foi*. Par ex. „Et surtout d'y vivre avec bonne *foi*." Je prononcerai ensuite le monosyllabe *Cha*, on me répondra *ri*, j'ajouterai *té*: ce qui fait *Charité*. Quand ces conditions auront été remplies, je serai certain de m'être adressé à un *Carbonari*.

On devait procéder à la séduction d'un capitaine du 3.e régiment d'infanterie de ligne nommé *Amyot*; mais je dois dire qu'il n'est point venu à ma connaissance que ce capitaine se soit écarté en rien de son devoir, et qu'il n'existait que l'intention d'en faire un partisan. M. Valterre qui disait le connaître particulièrement, s'annonçait seulement pour sa caution.

Les autres officiers, *Tainchant* et *Godet* ne me sont connus que par les citations qu'on a faites de leurs noms. M. *Trolá* en parlait comme de deux membres très-fidèles.

Signé: *Charvais*,
lieutenant.

Note jointe à la déposition du dénonciateur devant le capitaine rapporteur, le 2 Juillet 1822.

Je faisais partie du 40.e régiment d'infanterie de ligne, en garnison à Strasbourg, et j'y vivais paisiblement, entouré de l'estime de tous mes chefs et de l'amitié de mes camarades. Dans le régiment où l'union des officiers est une barrière impénétrable à toutes les machinations de la malveillance-

(26)

je parlais peu de l'opinion inébranlable qui m'animait, quand une circonstance inouïe se présenta de la manifester.

Les lieutenans de mon bataillon avaient pris pension dans un restaurant où plusieurs tables composées d'étudians en droit, d'officiers du train d'artillerie etc. prenaient aussi leurs repas à la même heure.

M. Trolé, lieutenant du corps Royal de l'état-major, attaché au bataillon des pontonniers, y mangeait depuis environ 15 jours à une table séparée et se plaçait toujours de manière à ne pas perdre un mot de nos conversations. M. Trolé a déclaré lui-même par écrit que jamais il n'avait entendu prononcer un mot politique par les officiers qu'il épiait avec tant d'assiduité. Il était fort embarrassé dans le choix qu'il devait faire de nous.

Il crut juger que je pouvais exercer sur mes camarades une certaine influence et sans autre antécedent que cette faible prévention, je fus celui qu'il tenta de séduire. Je dois faire observer ensuite que je lui paraissais peut-être un individu important par ma position dans le régiment. Je commandais une compagnie. J'étais le seul officier logé à la caserne dite des *pecheurs*, où était caserné le 3.e bataillon du régiment, et il présumait sans doute que j'aurais pu égarer ce bataillon. . . . .

Le jour où il me fit ses premières confidences, il n'y avait point de spectacle et en sortant de diner, j'avais l'air embarrassé sur l'emploi que je ferais de ma soirée; il saisit l'occasion de m'offrir une tasse de café que j'acceptai volontiers. *)

Nous nous dirigeâmes du côté du café Chabert, et chemin faisant, il dirigea la conversation sur la politique. Son impru-

---

*) Ce jour-là nous avions plaisanté à la table sur le peu d'argent que nous avions et chacun faisait en riant la récapitulation de ses finances. „Tant qu'à moi, dis-je, je n'ai pas vu un Napoléon double depuis 1815." Il crut deméler dans ce propos un sens que j'étais bien loin d'y attacher, il crut que je regrettais une époque où j'avais l'air d'insinuer que j'étais plus riche. Je ne doute pas un instant que cette plaisanterie soit une des raisons les plus fortes de ses tentatives auprès de moi.

dence en se confiant à moi fut d'autant plus grande qu'il m'était échappé quelques mots qui auraient dû lui faire sentir que je n'étais pas en opposition avec le gouvernement. Il me parlait d'un étudiant en droit de la pension, qui avait l'habitude d'exprimer les idées les plus libérales d'une voix très-haute. „Je lui conseille, dis-je, quand il aura à manifester „une opinion exagérée, de le faire à voix basse, s'il ne veut „point avoir de querelle avec un de nous." — „Il serait plai- „sant, me répondit-il d'une manière fort sèche, qu'un indi- „vidu ne put s'exprimer selon son opinion devant des officiers „français. De quel droit voudriez-vous l'en empêcher?" „Je ne parle que du diapazon de sa voix qui est infiniment „trop aiguë dans un appartement où se trouvent plusieurs „personnes." — „Et moi je pense qu'en se prononçant avec „affectation contre le gouvernement devant des officiers revê- „tus de leur uniforme, c'est les braver." — Dans le sens de l'amour-propre blessé, il fut de mon avis.

Nous arrivâmes au café; nous nous plaçâmes en dehors à une table séparée, et notre conversation qui avait alors une direction tout-à-fait politique, fut interrompue une minute par l'arrivée de l'acteur *Monrose*, que Trolé fit asseoir à côté de nous en l'accablant de politesses. Monrose ayant ensuite lié conversation avec un individu placé à côté de lui, Trolé recommença à manifester les opinions les plus exagérées sans faire attention au tiers qui devait l'entendre. Je lui répondis fort peu, car je n'ajoutais alors aucune espèce d'importance à ses propos.

Il faisait surtout l'éloge le plus pompeux du général La-fayette, il le mettait au-dessus de tous les députés.

Trolé, extrêmement jaloux de son propre mérite, parle beaucoup plus qu'il n'écoute ce qu'on peut lui répondre.*) Cependant il me regardait avec la plus grande attention aussi-tôt qu'il avait prononcé une phrase un peu hardie.

---

*) Quelques officiers d'artillerie que je pourrai citer dans l'occa-sion et qui le connaissaient beaucoup mieux que moi, en faisaient fort peu de cas et ne lui accordaient d'autre mérite qu'un bavardage apprêté. Il avait cette réputation dans toute l'artillerie.

Quand il en fut à l'éloge du député Manuel, je l'interrompis pour lui dire qu'en effet ce député avait une éloquence bien persuasive, et que c'était un bien grand orateur. J'eus à peine prononcé ces mots qu'il ne garda presque plus aucun ménagement. Cependant avant de me porter le dernier coup, il chercha à me démontrer par les raisonnemens les plus captieux „que les sermens n'étaient respectables - que „quand ceux pour qui on les avait faits, tenaient la parole „qu'ils avaient donnée au moment de la prestation de ces „sermens." Ces idées me firent enfin soupçonner des choses sérieuses. J'eus un instant l'intention de le quitter; mais la curiosité s'empara tellement de moi que je résolus de voir où il voulait en venir, et je combinai ma conduite dès ce moment.

Il me demanda ce que je penserais si l'état des choses changeait? L'agitation avec laquelle il me parlait, me faisait ne pas douter qu'il voulait en venir à une confidence: „Si les chefs „changeaient, lui répondis-je, cela ne m'étonnerait pas; car „à force de conspirations, il y en aura un jour une qui culbutera tout." Ses questions devinrent de plus en plus pressantes. „Que feriez-vous, me dit-il, si quelqu'un vous avou- „ait qu'il existe un projet de changer le gouvernement, et „qu'on vous assurât que vous ne seriez aucunement com- „promis, que vous n'agiriez point et que vous ne feriez enfin „qu'obéir aux ordres qui vous seraient transmis par une au- „torité supérieure?" Il me posa cette question trois fois de suite sans obtenir aucune réponse.*) Il la tourna dans des termes différens, en me regardant avec la plus scrupuleuse attention, et il ajouta: „Par exemple: si, revêtu de mon „caractère d'officier d'état-major, je venais vous transmettre „un ordre, est-ce que vous ne pourriez pas l'exécuter sans „être compromis?" Je répondis affirmativement. Il dévoila alors à mes yeux, avec la plus aveugle confiance, des projets de destruction du gouvernement, les plus horriblement combinés.

„Il existe en France une société secrète depuis fort long-

---

*) Ses aveux écrits font mention de ce fait qu'il dénature.

» tems et dont j'ai l'honneur de faire partie. Nous avons jus-
» qu'à présent échoué dans toutes nos tentatives par l'impru-
» dence que nous avons eue d'admettre dans nos rangs des sous-
» officiers. Désormais sous aucun prétexte ils ne seront reçus.
» La dernière tentative que nous avons faite à Belfort, n'a
» échoué que par l'imprudence d'un adjudant sous-officier, et
» par la poltronnerie des bourgeois, aussi nous aurons main-
» tenant le soin de ne faire agir les bourgeois qu'en les en-
» cadrant entre deux pelotons d'officiers qui sauront les main-
» tenir. Cette malheureuse affaire de Belfort nous a fait le
» plus grand tort. Nous comptions que ce mouvement ne pour-
» rait pas manquer, et s'il avait réussi, la garnison de Stras-
» bourg se soulevait aussitôt. Nous nous réorganisons à pré-
» sent et la manière dont nous nous y prendrons ne me
» laisse aucun doute sur le succès le plus certain.

» Malgré tout ce que je vous dis, je ne crains rien des
» accusations, car personne ne nous entend, et la meilleure
» réponse à une accusation est la dénégation.

» Je suis *Carbonari* depuis deux ans et il n'y a pas un
» agent de Paris qui ne me connaisse. «

Il me donna plusieurs détails sur l'organisation et les statuts de la société secrète. Je les rapporterai plus bas. Je ferai observer que pendant six jours que j'ai vécu parmi ces
scélérats, il m'a été dit tant de propos atroces, qu'il pourrait arriver que je misse peu d'ordre dans la narration que
je vais en faire, et il pourra se glisser dans ce mémoire
quelques transpositions. Les propos essentiels et les projets
seront cependant rapportés avec exactitude.

Pendant cette première confidence si animée nous mar-
chions rapidement sur la place du *Broglie* devant le café
Chabert. *Monrose* nous avait quittés en nous invitant à prendre
le café pour le surlendemain. Deux officiers du 40.ᵉ MM.
Trouvé et *Clara* étaient assis sur un banc et avaient tellement
remarqué l'agitation de cette première entrevue, qu'ils me
dirent le lendemain en déjeûnant: » Vous aviez une conversation bien animée avec cet officier de l'état-major. « Il ne me
nomma ce jour-là comme faisant partie de l'association que
M. *Peugnet*, lieutenant au 3.ᵉ regiment d'artillerie à pied,

et qu'il me désignait comme le frère de ce *brave garçon* qui avait tiré le coup de pistolet sur le commandant de place de Belfort.

Enfin au bout de deux heures d'entretien nous nous séparâmes. Il me donna 24 heures pour réfléchir si je voulais être reçu dans les rangs des *Carbonari*.

Aussitôt qu'il m'eut quitté, je sentis profondément la délicatesse de ma position. Je n'hésitai pas un instant sur le parti que j'avais à prendre. Je me transportai chez le comte *Dillon*, lieutenant-colonel du régiment, dont l'honneur et les sentimens m'étaient connus, et qui avait pour moi depuis longtems une estime toute particulière. Je lui racontai avec l'émotion la plus vive tout ce qui venait de m'arriver. Bien convaincu que ses conseils ne seraient dictés que par la loyauté, je m'abandonnai à lui et je le laissai maître de faire de ma confidence l'usage qu'il jugerait convenable.

Nous nous transportâmes tous les deux chez le colonel *Mouton* et en présence de M. *Lamarque*, chef de bataillon, je racontai de nouveau tout ce qui venait de m'arriver. Je me laissai aller d'autant plus volontiers à ce que jugeraient à propos de me prescrire mes officiers supérieurs, que sans aucune exception tous les officiers du régiment ont en eux la confiance la plus étendue.

Le colonel m'ordonna de lui faire un rapport par écrit de tout ce que je venais de lui dire. On me fit sentir tout l'importance de ma position, le service immense que je me trouvais à même de rendre au gouvernement, et par des raisonnemens pleins d'honneur et de dévouement au Roi; on approuva ma conduite avec la plus grande énergie. Il était près de minuit quand je quittai le colonel et j'écrivis pendant une partie de la nuit toute la conversation que j'avais eue avec Trolé. C'était le 28 Mars.

Le lendemain matin de fort bonne heure je me transportai chez le colonel *Mouton*, je lui lus mon rapport et les larmes qu'il me vit répandre abondamment lui firent comprendre quelle émotion j'éprouvais. Il remit lui-même au lieutenant-général Pamphile Lacroix le rapport que je venais de lui lire.

J'eus ce jour là même une entrevue avec le lieutenant-général, en présence du maréchal de camp *Billard*; du colonel *Mouton*, du lieutenant-colonel *Dillon* et du chef de bataillon *Lamarque*. Pour obvier aux dangers de cette entrevue le colonel *Mouton* avait fait réunir chez lui la musique du régiment, et les généraux *Pamphile* et *Billard* s'étaient rendus à la citadelle en bourgeois sous le prétexte d'entendre de l'harmonie. Comme j'étais chargé des détails de la musique, il ne devait point paraître suspect que je m'y trouvasse.

: Après une foule de questions, il fut convenu que je me ferais recevoir *Carbonari*. Je ne me fis aucune espèce de scrupule de me prêter à un subterfuge qui pouvait peut-être épargner tant de sang. Si cette conduite est regardée par une certaine classe de la société comme une coupable délation, je déclare que je me trouverai honoré du titre de délateur et que dans toutes les occasions de ce genre, je suis prêt à le mériter de nouveau.

Les *Carbonari* délibérèrent pendant six jours avant de consentir à ma réception et c'est pendant ces six jours que j'appris une grande partie des intentions, des statuts, et des ramifications étendues de cet ordre, par des conversations avec *Trolé*, *Peugnet* et *Gaillardon*. Tant qu'à *Valterre*, lieutenant aux ouvriers d'artillerie, je ne l'ai vu que dans la circonstance de ma réception à laquelle il assistait comme témoin et membre de l'ordre.

L'association des *Carbonari* est divisée en petites sections de huit en huit, de manière qu'il n'y ait que huit membres qui puissent se connaître. Ces petites bandes de huit se nomment *Ventes* du mot Italien *Vendita*. S'il y avait un faux frère dans une Vente, il ne pourrait en dénoncer que huit et la masse de l'association n'en serait pas troublée. La communication entre les Ventes s'établit par le moyen d'un membre qu'on nomme le *député*, et qui seul a le droit de communiquer avec les membres de la Vente immédiatement supérieure. Le député serait un faux *Carbonari* qu'il ne pourrait de cette manière en dénoncer que seize et ne ferait tort qu'à des individus sans nuire à la masse. Il y a dans chaque Vente de huit un *président* qui accorde et retire la parole comme à l'assemblée nationale. Il y a aussi un *cen-*

seur dont je ne puis préciser les fonctions. Il inflige la punition de *censure* que je ne connais que de nom.

Il y a à Paris une Vente que l'on nomme *la Vente suprême* et d'où émanent tous les ordres et tous les projets. Trolé me disait continuellement que cette Vente suprême était composée de députés et de personnages les plus marquans.

Il existe aussi entre Paris et Strasbourg une autre Vente qu'on nomme *Vente centrale* où arrivent les ordres qui émanent de la *Vente suprême.* On voit combien de filières avant d'arriver à cette Vente de Paris. Dans aucun cas on ne communique par écrit, c'est toujours verbalement et par le moyen de commis-voyageurs.

Il y a un *comité* de *salut public*, composé de trois membres et qui est chargé spécialement de surveiller la fidélité de tous les carbonari. Ces trois membres connaissent toute l'association.

Il existait il y a longtems pour se reconnaitre un signe de main, qu'on crut inutile de me donner attendu que la police le connaissait.

Les mots pour juger si on avait affaire à un *carbonari* étaient : *espérance, foi, charité.* Ces mots devaient être placés dans la conversation de la manière suivante : je disais une phrase dans laquelle j'intercalais le mot *espérance*; P. Ex.: je vis dans l'*espérance*. On devait m'en répondre une dans laquelle était placé le mot *foi*; comme : vous avez de la bonne foi. Je prononçais aussitôt le monosyllabe *cha*, on me répondait *ri*, j'ajoutais *té*, et j'étais assuré de parler à un *carbonari.*

Je fus reçu le 2 Avril entre six et sept heures du soir. Quatre *carbonari* devaient assister à ma réception. Il n'y en eut que trois : MM. *Trolé, Peugnet* et *Valterre.* M. *Gaillardon* qui était aux arrêts simples pour un fait militaire, ne pût se trouver à la cérémonie.

Trolé me présenta, en faisant un petit discours préparatoire où il vantait mes sentimens, et qu'il finit en répondant de ma fidélité comme de la sienne.

On prit des siéges et Trolé commença la lecture d'un manuscrit qui paraissait contenir entre douze et vingt pages, et qui était intitulé : *Traduction du règlement des carbonari, trouvé sur un carbonari d'Italie mort au champ d'honneur.* *)

Ce règlement commençait par un préambule sur la liberté assez insignifiant. Quand on m'en avait lu quelques phrases, on me disait : » Il vous est encore permis de vous retirer , si vous avez quelque répugnance à être carbonari." On continua ensuite en exigeant qu'à chaque alinéa, je prononçasse les mots : *Je le jure.*

Je ne prêtai pas dans la séance tous les sermens de l'ordre, parce qu'on n'avait pas le tems de la prolonger. Je devais le lendemain matin venir prendre connaissance entière des autres règlemens, et de tous les engagemens exigés par mon nouveau titre de carbonari ; mais ce fut le lendemain matin que la gendarmerie fit ses arrestations.

On ne me lut que la première page du manuscrit. J'avais recueilli plus de renseignemens par les conversations particulières, que je n'en recueillis le jour de mon initiation définitive. On me fit jurer de faire tous les sacrifices qui seraient en mon pouvoir pour la liberté, et d'employer tous les moyens, quels qu'ils fussent, pour parvenir à ce but. On me fit jurer de m'armer à mes frais. Cet armement consistait pour les militaires en un poignard et deux pistolets, et pour les bourgeois en un fusil et sa bayonnette.

On donnait cinq francs de réception, et un franc tous les mois. Quand la cérémonie de ma réception fut achevée, Trolé me dit du ton le plus déterminé et toujours en présence de Peugnet et Valterre : » Nous vous prions de ne pas » nous faire l'affront de nous regarder comme une simple » société secrète qui n'aurait aucun but. Nous sommes ici » une conspiration en règle, et tous des conspirateurs contre » le gouvernement."

---

*) Ce règlement est fort rare. Il n'en existait que trois en France. Quand nous nous séparâmes, *Trolé* le garda dans son secrétaire pour que je puisse en prendre connaissance avec lui le lendemain. Je trouve bien inconcevable qu'on n'ait pas saisi cet écrit important.

Ce fut la dernière phrase que j'entendis sortir de sa bouche. Depuis ce tems je ne l'ai pas revu; il fut arrêté le matin et je suis parti le même jour en poste pour Paris à quatre heures du soir.

Trolé a prétendu dans les aveux écrits que le but des carbonari était de ramener la France au point où elle était avant la loi des élections. Il ne m'a jamais été dit un mot sur cette loi. Le but de la société des carbonari était l'anéantissement total des Bourbons qu'on traitait *d'iconrrigibles.* On ne m'a jamais fait part de la forme de gouvernement qu'on voulait adopter et je n'ai jamais osé le demander.

Voici quel était le projet relatif à Strasbourg. Un général carbonari devait arriver dans la place et en prendre le commandement en annonçant un changement de ministère et comme envoyé par le Roi. On aurait enfermé, ou assassiné en cas de la moindre résistance, le général Pamphile, et un faux ordre du jour aurait annoncé que les troupes auraient dû obeir au général arrivé de Paris. Le baron *de Sales*, colonel du 3.ᵉ régiment d'artillerie à pied, le colonel *Mouton* et beaucoup d'autres auraient été enfermés ou assassinés, en cas de la plus légère rébellion aux ordres du faux général. Tout était prévu en cas de la résistance de la part des troupes. Le 3.ᵉ régiment de ligne occupe une caserne dans laquelle on n'entre que par deux portes grillées en fer. Ce nombreux régiment aurait totalement été contenu dans le respect par le moyen de deux pièces de canon chargées à mitraille. On aurait fait un coup de main hardi pour prendre la Citadelle, et on aurait déclaré la place en état de siége. On aurait discuté ce projet dans les ventes selon la forme ordinaire. *)

Les généraux qu'on me désignoit, étaient *Sébastiani* et *Tarayre*, et principalement le dernier.

Trolé se plaignait souvent de l'espèce de négligence que la *vente suprême* mettait dans un point aussi important que

---

*) Cette discussion n'était point pour donner son consentement au projet, mais pour désigner les missions dont chaque carbonari serait chargé.

(35)

Strasbourg. Il en rejettait la cause sur son activité à travailler le cordon sanitaire.

Je suis désespéré, dans ce que j'ai à rapporter maintenant, de me voir forcé de parler en mal contre des corps entiers et principalement contre le 3.e régiment d'artillerie à pied et le premier de pontonniers. Si tout ce que je dirai est une calomnie, n'étant que l'écho de M. Trolé, c'est lui seul qui est le calomniateur. » Il n'y a dans l'artillerie et les pon- » tonniers que les sots et les ivrognes qui ne soient point » carbonari, " me disait-il souvent. Il me désignait particu- lièrement un lieutenant qu'il est inutile de nommer. » Il est » ivre tous les jours, et il nous ferait prendre si nous lui » faisions la moindre confidence."

Il m'avait assuré qu'il y avait dans l'association beaucoup d'officiers supérieurs d'artillerie. » Il pourra se faire, me di- » sait-il, que vous vous trouviez en contact avec eux. Alors » vous aurez le soin, au lieu de vous servir des termes d'es- » clavage : mon commandant, mon colonel, de les appeler » seulement, bons cousins."

» Jusqu'à présent, me disait-il dans une autre occasion, » l'artillerie ne s'est point encore mêlée de conspirer, mais » vous verrez que quand un corps aussi distingué entre en » lice, il sait réussir. Si nous prenons avec nous quelques » officiers d'infanterie, ce n'est pas que nous ayons besoin » de l'infanterie, mais c'est afin que l'amour propre des of- » ficiers ne soit pas blessé que nous ayons réussi sans leur » participation. "

Je lui manifestai l'intention que j'avais de demander une permission pour Wissembourg. » Je vous adresserais à quel- » ques uns de nos amis qui sont dans le régiment qui est » dans cette garnison. Vous n'aurez qu'à vous faire connaître » à eux et vous serez bien reçu."

Tous les propos que j'ai entendus seraient trop longs à rapporter ; je ne cite que ceux qui me semblent les plus essentiels et je ne m'écarte en rien des rapports journaliers que je faisais régulièrement au moment même de la cruelle position où je me trouvais. Voici quelques autres phrases que je me rappelle exactement.

3 *

» Quel dommage que nos bons régimens soient partis de
» Strasbourg. «

» Le régiment dans lequel nous avons le plus de rami-
» fications est le 29.e de ligne que le Roi vient de récom-
» penser pour sa fidélité à Belfort. «

» Dans le 45.e de ligne tous les officiers sont des gredins
» partisans de l'esclavage. « Il me dit cela le jour que nous
apprimes par les journaux la découverte de la conspiration
de la Rochelle.

» Qu'il est désagréable qu'on ait assassiné le duc de Berry !
» Sans cela nous n'aurions jamais eu le duc de Bordeaux. «

» Le gouvernement sait bien qu'il existe des sociétés se-
» crètes, mais jamais il ne pourra rien découvrir. «

Je lui disais un jour. » Il faudra répandre bien du sang
» pour exécuter tous ces projets. — Ce sera malheureux,
» mais nous en répandrons le moins possible. «

J'écrivais un jour au général Pamphile. » Demain entre
» six et sept heures du soir, dix-huit officiers d'artillerie, se
» réuniront pour conspirer contre le gouvernement. La réu.
» nion aura lieu chez *Trolé.* « On se promenait aux environs
de son logement et on en voyoit sortir plusieurs conspirateurs. Il eût été imprudent de les faire arrêter dans ce moment, car on n'aurait rien pu découvrir. Il y avait dans
le lieu de leur réunion, des cartes, de la bierre et des ci-
gares. Si la police était survenue, elle aurait trouvé tous ces
officiers occupés à jouer, boire et fumer.

Dans les *Ventes* on avait la précaution de distribuer les
Carbonari de manière qu'un timide se trouvât en contact
avec un audacieux, un bavard avec un taciturne etc.

On avait dans l'ordre les plus grands renseignemens sur
les officiers supérieurs d'infanterie. On savait où ils avaient
servi et les particularités les plus grandes sur leur vie privée et leur caractère.

Peugnet qui parlait ordinairement fort peu, me disait
» que le nombre des bourgeois qui faisaient partie de la so-
» ciété était fort grand et qu'au mois de Février dernier, il
» y en avait déjà plus de 250; que si on voulait on en au-

» rait beaucoup d'autres, mais qu'on tenait spécialement à
» avoir les plus marquans de la ville. «

Voilà à peu-près tout ce dont je puis me ressouvenir sur
les horreurs auxquelles je me suis condamné à me soumettre
pour remplir le devoir que je trouve le plus sacré dans un
officier d'honneur, la révélation des crimes dont l'exécution
aurait peut-être rempli la France de sang. Je consens très-
volontiers que le gouvernement fasse de ce mémoire l'usage
qu'il jugera convenable. Le grand jour loin, de m'effrayer,
est ce que je désire. Les faits que je raconte, je les ai répétés mille fois de la même manière. Je n'ignore point que
les scélérats dont j'ai signalé les atroces intentions, n'es-
saient de se venger un jour avec l'arme qu'ils ont adoptée,
le poignard, mais quoiqu'il en puisse arriver, ils me semblera toujours indigne d'un véritable défenseur du Roi, de
craindre la publicité, quand il a rempli les devoirs imposés
par ses sermens.

Je certifie sur mon honneur le présent mémoire véritable
dans tous les points et je le soutiendrai contre qui il con-
viendra et de toutes les manières.

Signé *Charvais*,

Lieutenant au 5.ᵉ régim.ᵗ de la garde royale.

(*Nota. Ce mémoire a été signé et paraphé par M. Dume-
nildot, capitaine rapporteur et paraphé par M. Gaillard,
greffier.*)

Rapport de M. le Lieutenant général Comte de COUTARD à S. Exc. le Ministre de la guerre.

Monsieur le lieutenant général comte Coutard, commandant la première division militaire, reçut le 8 Avril de

S. Exc. le ministre de la guerre, une lettre qui lui annonçait l'arrivée de quatre officiers prévenus de complot contre l'autorité du Roi à Strasbourg, et envoyés l'un après l'autre à Paris par M. le lieutenant général baron Pamphile de Lacroix, commandant de la 5.e division militaire.

D'après les ordres de S. Exc. M. le lieutenant général devait interroger ces officiers à leur arrivée, et recevoir de S. Exc. le ministre de l'intérieur, les renseignemens qui pouvaient contribuer à rendre l'interrogatoire des conspirateurs aussi utile que possible. Les quatre officiers annoncés sont arrivés successivement jour par jour dans l'ordre suivant : le sieur Trolé, lieutenant au corps royal de l'Etat-major, attaché au bataillon de pontonniers, le 8 Avril; le sieur Peugnet, lieutenant au 3.e régiment d'artillerie à pied, le 10 Avril, le sieur Valterre, 1.er lieutenant à la 5.e compagnie d'ouvriers d'artillerie, le 11 Avril, enfin le sieur Gaillardon, lieutenant en second au 3.e d'artillerie le 12 Avril.

Le 8 Avril, jour de l'arrivée du sieur Trolé, M. le lieutenant général avait reçu une expédition de plusieurs rapports, d'après lesquels le général Pamphile de Lacroix, avait crû devoir ordonner l'arrestation des quatre officiers susnommés.

M. Charvais, lieutenant au 40.e régiment de ligne actuellement en garnison à Strasbourg, est l'auteur de ces rapports, qui sont arrivés au général Pamphile de Lacroix, les uns directement, les autres par l'entremise du colonel Mouton, commandant du 40.e de ligne.

(*Ici M. le général Coutard fait l'analyse des rapports du sieur Charvais, dont il extrait textuellement les expressions*).

Si jamais déposition a été revêtue du caractère de la vérité c'est assurément celle de M. Charvais. Elle a semblé rédigée avec un esprit de candeur qu'il est rare de rencontrer dans de pareils écrits. Elle a été interrompue plusieurs fois. Il a fallu en reprendre la suite, lier les faits d'un jour avec ceux du jour précédent. Le tems pressait et cependant il n'existe dans tout ce récit aucune contradiction. Les événemens ont entre eux une connexion évidente; à coup sûr le mensonge porte une autre physionomie.

Muni de ces documens précieux, on a procédé aux interrogatoires.

Trolé, arrivé le 8 Avril, a été interrogé le 9. Il était au premier apperçu le personnage important. C'est lui qui a fait le premier des avances à Charvais ; c'est lui qui l'a initié, qui l'a instruit, qui l'a reçu. Il avait donc mission pour affilier ; il avait donc autorité pour recevoir. On n'était pas éloigné d'abord de le considérer comme président de vente ; mais la série d'interrogatoires qu'on lui a fait subir, ont à-peu-près détruit cette présomption.

On a reconnu dans ce jeune homme beaucoup de moyens, d'instruction, d'esprit, de facilité ; de l'ardeur, de l'exaltation : mais avec une jactance et une indiscrétion qui rendent difficile à croire qu'on lui ait confié la charge importante de chef de vente.

Il est cependant à remarquer qu'il met toute son adresse, à pallier les fautes que lui fait commettre son indiscrétion, et il est fort habile à prêter une couleur naturelle, ou une intention innocente, à des actes dont l'aveu lui est échappé et qui peuvent le compromettre.

Il résulte de ce que l'on a pu recueillir jusqu'à ce jour, qu'il est carbonari depuis deux mois environ : qu'il a été reçu par Peugnet et que c'est sans mission particulière, mais seulement sur l'autorisation qui lui a été donnée, qu'il a reçu lui-même Charvais.

Voilà le résultat positif de son interrogatoire. Mais si l'on ne s'arrête pas à ces données certaines, et si l'on se livre aux inductions que l'on peut tirer, soit de l'interrogatoire de Trolé et de la déclaration du 13 Avril, soit des autres pièces qui le concernent, on peut aller bien loin en conjectures.

En effet, Trolé est venu vers la fin de Novembre à Paris. Il y a vu d'anciennes connaissances, qui par leurs discours lui ont donné lieu, dit-il, de penser qu'il existait des sociétés secrètes.

Trolé, c'est toujours d'après lui que l'on parle, quitte Paris dans les premiers jours de Février, passe à Nancy, où se trouvait le 29.e de ligne. Il est chargé de commissions verbales, à ce qu'il prétend, pour Peugnet, de la part des officiers du 29.ᵉ. Le frère de Peugnet, celui qui est en fuite par suite de l'affaire de Belfort, servait dans ce régiment. Trolé remplit ses commissions à Strasbourg, se lie immédiatement avec Peugnet, qu'il connaissait à peine auparavant, et peu de jours après, il est reçu carbonari.

Trolé est fils d'un ancien soldat, percepteur des communes de S.ᵗ Remi et Charnes, département de Seine et Oise. Il est permis de croire que la fortune de son père est bornée. Cependant Trolé est possesseur dans ce moment d'une somme de 2,800 francs en billets qu'il a laissés dans son secrétaire à Strasbourg. On l'apprend par une lettre quil a écrite depuis son arrestation à un sieur Bidault. Cette lettre est sans date, mais le contenu ne laisse aucun doute.

L'interrogatoire de Peugnet du 10 Avril n'a pas été aussi long que le précédent, et n'a pas fourni les mêmes résultats. Doué d'un caractère froid, fort réservé et en même tems audacieux, il s'est maintenu dans un système de dénégation complète. Il n'avoue même pas avoir connaissance de la société des carbonari. Les charges cependant pèsent sur lui de toutes parts, et il paraît être un personnage important. C'est lui qui a reçu les autres. Ne serait-il pas l'intermédiaire entre les ventes particulières, et les ventes centrales militaires ou civiles ?

Valterre est celui de tous qui s'est montré le plus facile. Si l'on doit des révélations à l'indiscrétion de Trolé, on en doit au cœur de Valterre. Il n'a pu résister au tableau qui lui a été représenté par M. le lieutenant général de la douleur de sa famille. Tout ému, il a pris la plume, et sa déclaration porte le caractère de la vérité.

Il ne paraît pas avoir eu pour l'association le même zèle que Trolé et Peugnet. Aussi est-il évidemment moins instruit, la lettre ci-jointe écrite par lui à M. le lieutenant général, prouve ses remords et en même tems sa délicatesse.

Gaillardon a tout nié jusqu'à ce jour. Il est d'une autre vente que Trolé, Peugnet et Valterre. Il a sans doute espéré que cette différence de ventes le mettrait à couvert. Il n'est arrivé que le 12. On n'a pu encore épuiser avec lui toutes les ressources que fournissent les aveux de ses complices.

De la série des faits qu'on vient de présenter, on peut conclure, indépendamment de la culpabilité capitale des prévenus:

Qu'ils sont loin d'être les seuls initiés dans la garnison de Strasbourg;

Qu'un grand nombre d'officiers d'artillerie tout au moins font partie de la secte des carbonari;

Que nombre des habitans de la même ville sont initiés aux mêmes mystères, aux mêmes projets, et en cas d'éclat coopéreraient avec les militaires, lorsque ceux-ci lèveraient l'étendard de la révolte;

Que la secte a un foyer étendu dans le 29.e régiment d'infanterie de ligne et dans le corps d'infantrie en garnison à Strasbourg, antérieurement aux régimens qui s'y trouvent aujourd'hui;

Que l'on cherche à étendre les progrès de la secte dans toute l'armée et principalement dans l'infanterie, que le foyer-directeur, étendant ses ramifications dans toute la France, et correspondant activement du centre aux extrémités, est à Paris et que dans ce moment tous les efforts se portent sur le cordon sanitaire;

Que tous les mouvemens populaires ou militaires, qui depuis trois ans surtout, ont agité la France, ont été excités par le moyen de ces sociétés conspiratrices;

Que sous le prétexte frivole de l'exécution entière de la charte, on cache le projet bien positif, comme l'a avancé verbalement Trolé, de renverser les monarchies, sur les ruines desquelles on prétendrait élever des républiques fédératives à l'instar de celles des États-unis.

De ces considérations générales venant aux particulières, on remarquera que sur les 4 individus arrêtés, un seul paraît être véritablement important en ce qu'il pourrait être, soit membre d'une vente supérieure, soit député, soit intermédiaire entre les ventes bourgeoises et les ventes militaires. Peugnet, on le répète, est celui sur lequel on croit devoir attirer toute l'attention du gouvernement.

Pour obtenir de Trolé et de Valterre les révélations qu'ils ont faites, M. le Lieutenant Générala dû se servir de tous les moyens qu'il avait en son pouvoir. Il s'est donc engagé vis-à-vis d'eux à demander à S. Exc. Monseigneur le ministre de la guerre, que s'ils faisaient des révélations franches et loyales qui menassent à des découvertes importantes, ils fussent envoyés aux colonies sans avoir été jugés.

M. le lieutenant général espère que son S. Exc. voudra bien prendre en considération la position délicate dans laquelle il a cru devoir se placer pour obtenir des révélations précieuses, et lui accordera sa demande en faveur des sieurs Trolé et Valterre, que l'on pourra peut-être amener, surtout Trolé, à de nouveaux aveux.

<table>
<tr><td>Collationné,</td><td>Pour copie conforme;</td></tr>
<tr><td>Le chef du Bureau</td><td>Le Directeur général du Per-</td></tr>
<tr><td>de la Justice militaire,</td><td>sonnel,</td></tr>
<tr><td>Signé: Ch. Houel.</td><td>Signé: Comte du Coëtllosquet.</td></tr>
</table>

Questions adressées à M. le général comte de Coutard par M. Valterre, ex-lieutenant d'artillerie.

Arrivé à Paris le 11 Avril 1822 et introduit dans le cabinet de M. le général Coutard, où se trouvaient M. le colonel Aloys, sous-chef d'état-major, et un jeune homme que je crus être un secrétaire.

Q. Après m'avoir fait connaître l'accusation qui pesait sur moi, M. le général Coutard, ne m'a-t-il pas offert à plusieurs reprises le bénéfice de la loi, me proposant d'implorer pour moi la clémence et de solliciter les faveurs de sa Majesté, si je voulais lui révéler tout ce qui était à ma connaissance relativement à une association secrète dite de Carbonari.

(43)

R. J'ai promis de m'intéresser à leur sort, s'ils faisaient des aveux complets et sincères.

Q. M. le général Coutard ne m'a-t-il pas dit: Je ne veux point vous surprendre ni chercher à vous tromper ; je ne vous parle pas en procureur du Roi, ou en juge d'instruction, mais en homme qui veut vous sauver, mais en père, en qualité d'ami et au nom du vôtre dont je fus longtems le compagnon d'armes ?

R. Je lui ai parlé de son père qui fut mon camarade et mon compagnon d'armes dans les campagnes de Pologne et d'Italie, et ce titre ne faisait qu'ajouter à l'intérêt que je lui promettais si ses aveux étaient sincères.

Q. Ne m'a-t-il pas dit: Qu'il avait entre les mains plus qu'il n'en fallait pour me perdre et que si je persistais à ne pas me déclarer Carbonari, je serais livré aux tribunaux, rattaché aux procès criminels de Belfort, Saumur, la Rochelle etc., et frappé suivant tout la rigueur des lois, de mort ou d'infamie ?

R. Je lui ai fait le tableau de la position fâcheuse où il s'était imprudemment engagé et lui ai conseillé d'en sortir par le repentir et des aveux véridiques.

Q. Ne m'a-t-il pas fait un tableau affligeant des chagrins qu'éprouverait ma famille en me voyant sur les bancs des accusés, me disant que j'allais flétrir le nom que les services de mon père avaient rendu honorable, et traîner douloureusement au tombeau ce respectable veillard ?

R. Je lui ai parlé des chagrins qu'il ferait à son père et qu'il pouvait lui éviter en méritant et obtenant les effets de la clémence du Roi.

Q. Ne m'a-t-il pas montré une pièce qu'il m'a dit être une déclaration de M. Trolé, par laquelle cet officier avait dû reconnaître qu'il faisait partie d'une société de Carbonari et me désigner moi-même comme étant de cette association ?

R. Je lui ai présenté l'aveu entièrement écrit de la main de Trolé sans lui en laisser lire davantage que les deux premières lignes et la signature.

Q. Ne m'a-t-il pas dit tenir de Trolé, que ce dernier avait soustrait un réglement de la société en le cachant sous son aisselle, et l'avait ensuite brûlé ou déchiré en route ?

R. Oui Trolé, m'a dit . . . qu'au premier endroit où on l'a fait descendre de voiture il avait trouvé le moyen de retirer les réglemens de dessous son aisselle et de les jetter au feu sans être apperçu.

Q. Ne m'à-t-il pas dit : je sais que Peugnet est député d'une Vente ; je sais qu'il vous a reçu dans l'association et lui-même en est convenu ?

R. Je savais que Peugnet était de la même vente que lui et qu'ils étaient ensemble à la réception de Charvais, mais je ne lui ai pas dit qu'il en fût convenu.

Q. Ne m'a-t-il pas dit de quelle manière se composait l'association, comment les Ventes communiquaient entre elles et avec les Ventes supérieures, me communiquant de prétendus mots au moyen desquels les divers membres de cette association pouvaient se reconnaître ?

R. Oui je lui ai donné connaissance de la composition des ventes.

Q. N'a-t-il pas dit que le but de cette association était de changer le gouvernement actuel et de rétablir la charte constitutionnelle dans toute son intégrité telle qu'elle était avant la seconde loi des élections ?

R. Je lui ai dit que le but de l'association était de changer le gouvernement actuel.

Q. Parlant de la prétendue réception du sieur Charvais, M. le général n'a-t-il pas dit et répété ces paroles qu'il attribuait à M. Trolé : » Nous ne pouvons nous dissimuler » que nous sommes des conspirateurs. «

R. J'ai dit qu'à la réception de Charvais, Trolé avait dit ces mots: „nous ne pouvons nous dissimuler que nous sommes „des conspirateurs. «

Q. M. le général ne m'a-t-il pas promis au nom de S. Exc. le ministre de la guerre, la conservation de mon grade et un emploi en cette qualité aux colonies françaises, si je voulais déclarer avoir fait partie de l'association ?

R. Je n'ai point promis de conservation de grade. (La réponse n'est pas exacte. — Voyez la lettre du général à M. Trolé.)

Q. Ne m'a-t-il pas promis que le silence le plus absolu

serait gardé sur cette déclaration et qu'excepté les ministres, lui et les personnes présentes, nul n'en aurait connaissance?.

R. Si en effet ils eussent accepté les effets de la clémence du Roi, personne n'aurait eu connaissance de leurs aveux.

Q. Ne m'a-t-il pas dit que mes amis avaient souscrit à ces conditions, qu'il ne tenait qu'à moi de partir avec eux, et que Trolé devait partir pour le Sénégal le lendemain ou le surlendemain?

Ne m'a-t-il pas présenté ce moyen comme le seul qui pût me mettre à l'abri du déshonneur, et sauver mes amis et moi?

R. Je ne leur ai jamais parlé que de l'intérêt que je prendrais à celui qui me donnerait des preuves de son repentir. Mais j'ai dit que Trolé qui avait fait des révélations, partirait pour l'Amérique; il l'avait demandé. Je lui ai présenté le moyen des révélations, le seul capable d'obtenir la clémence du Roi, etc.

Q. Ne m'a-t-il pas dit que la déclaration qu'il exigeait de moi, n'avait pas pour but d'instruire d'avantage le gouvernement ou lui; qu'il en savait à cet égard plus que moi même, et qu'il ne la demandait que comme une preuve de ma sincérité, afin de pouvoir me soustraire à la sévérité des lois?

R. Je lui ai dit que le gouvernement connaissait l'association.

Q. M. le général Coutard n'a-t-il pas reçu avec la lettre que j'eus l'honneur d'adresser à S. Exc. le ministre de la guerre, en date du 17 Mai, pour demander des juges, une autre lettre adressée à lui-même, portant la même date, ne différant de celle ci-jointe que pour quelques expressions peut-être, et nullement par le sens?

R. J'ai reçu la lettre pour le ministre et je l'ai immédiatement adressée à S. Exc. J'ai également reçu celle qui était pour moi et à laquelle j'ai cru devoir ne pas plus répondre qu'à celle antérieure qui me faisait des rémercimens de l'intérêt tout paternel que je prenais à leur sort.

Q. Pourquoi M. le général n'a-t-il pas joint cette lettre aux autres pièces de la procédure?

R. Je n'ai pas joint la lettre parce qu'elle me concernait personnellement.

Nous ne répéterons pas les questions adressées par les autres coaccusés à M. le général Coutard, qui, identiques pour le sens avec celles adressées par M. Valterre, ont été suivies des mêmes réponses que celles données à cet accusé.

Question de M. Trolé, à M. le général Coutard.

3.ᵉ *Question.* Ne m'a-t-il pas dit : Le frère de Peugnet s'est constitué prisonnier à Colmar. Auparavant il a fait ses conditions au gouvernement, elles ont été acceptées. Une d'elles est le salut de son frère, votre coprévenu. Mécontent de la conduite de ceux qui l'avaient induit en erreur, il a déjà fait des révélations importantes ?

Réponse. *) (*Je croyais en effet... Je lui ai en effet parlé du frère de Peugnet... Je ne me rappèle pas d'avoir parlé de Peugnet à Trolé.*)

Au moment de la lecture de cette pièce, les défenseurs prient MM. les membres du conseil de jeter les yeux sur les mots rayés dans la réponse du général : cette pièce est effectivement remise à MM. les juges, qui l'examinent avec attention.

---

*) Les mots qui se trouvent entre deux parenthèses dans la réponse de M. Coutard, sont rayés dans la minute, jointe à la procédure.

Questions adressées à M. le Colonel Aloys, sous-chef d'état-major de la 1.ᵉ division militaire, par M. Valterre, ex-lieutenant d'artillerie.

Q. Pendant que j'étais au secret, M. le colonel Aloys n'est-il pas venu me dire de la part de M. le général Coutard que ma déclaration était insignifiante et incomplète, qu'elle ne disait que ce qu'on savait déjà et qu'il fallait lui donner plus de développement?

R. *En allant le voir dans la prison pour lui porter des paroles de consolation, je lui ai demandé s'il n'avait rien à ajouter à ses déclarations qui paraissaient incomplètes.*

Q. Ne m'a-t-il pas dit, quant à Peugnet, que son affaire était beaucoup plus grave, que de fortes présomptions pésaient sur lui, qu'on cherchait à le rattacher aux événemens de Belfort, et qu'on s'occupait de prendre des renseignemens à cet égard?

R. *Je n'ai pas parlé de la position particulière de Peugnet.*

Q. N'est-il pas venu me dire qu'il fallait adresser à S. Exc. le ministre de la guerre, une simple demande de sortir du territoire français sous parole de n'y rentrer qu'avec autorisation de Sa Majesté, et qu'à cette condition mon secret serait levé et que je pourrais voir et embrasser mes amis auxquels je serais réuni?

R. *D'après le désir qu'ils avaient témoigné à M. le Lieutenant général, je leur ai demandé s'ils n'étaient pas dans l'intention de demander à sortir du territoire français.*

Questions adressées à M. le Colonel Aloys par M. Peugnet.

Q. Ne m'a-t-il pas dit, que la personne qui écrivait sous la dictée du général Coutard lors des interrogatoires faits à chacun de nous, n'était pas, comme nous le croyions, un se-crétaire du général, mais un agent de la police générale, en-voyé là tout exprès par ordre supérieur?

R. Je lui ai dit que cet individu était étranger à l'état-major.

Q. Lorsque Peugnet pria M. le colonel, en présence de ses amis, de rappeler au ministre de la guerre l'état dans lequel il était à l'époque où il lui fit écrire sa demande d'exil, n'a-t-il pas dit pour réponse, qu'en effet il s'était aperçu plusieurs jours avant, que Peugnet n'avait point l'esprit à lui, que ses yeux étaient hagards, ses traits décomposés, qu'on remarquait à ses tempes un battement très-précipité, et que le tableau qu'il lui avait fait d'un homme tout noir, avec de grandes dents, et une perruque noire frisée, qui était venu lui lire sa sentence, l'avait confirmé dans cette opinion?,

R. En allant voir M. Peugnet à sa prison de S.te Pélagie, j'ai remarqué en effet, que son moral était altéré; mais il était seul dans sa chambre, lorsqu'il écrivit sa lettre à S. Exc. le ministre de la guerre: quelques jours après, je le trouvai encore assez fatigué et parlant toujours de sa prétendue condamnation: je le consolai et mes observations contribuèrent à ramener le calme dans son esprit.

La lecture des pièces étant terminée, M.e Liechtenberger, défenseur de M. Peugnet, se lève, et fait observer que sur la liste des témoins appelés il n'a pas vu figurer le nom de M. Durrbach, Lieutenant-Colonel au 3.e régiment d'artillerie à pied dont son client a requis l'assignation.

M. le capitaine rapporteur. L'assignation a été donnée en effet; nous n'avons reçu aucune réponse.

M. le Président. La comparution de ce témoin vous parait-elle nécessaire?

M.e Liechtenberger. Sa déposition pourrait devenir fort importante pour M. Peugnet, car....

M. le Président. Le conseil en délibérera demain avant la séance.

(49)

Il est quatre heures et demie.

L'audience est levée, et remise à demain, dix heures du matin.

Séance du 23 Juillet 1822.

A cinq heures du matin, les accusés avaient été extraits de la prison militaire, et transférés au palais de justice.

La foule est plus considérable encore que la veille; beaucoup de dames se trouvent dans la tribune : un détachement de troupes est stationné dans la cour du palais. La salle d'audience, le parquet même sont encombrés par les spectatateurs, à peine reste-t-il un passage pour les témoins.

A dix heures un quart le conseil entre en séance.

M. le Président enjoint de nouveau au public de se tenir dans un respectueux silence, et déclare que la séance est ouverte.

M. le Président. Le défenseur de l'accusé Peugnet insiste-t-il sur la comparution de M. le Lieutenant-Colonel Durrbach ?

M.ᵉ Liechtenberger. Oui, M. le Président.

M. le Président. Cette déposition doit-elle contenir autre chose que des renseignemens sur la moralité de l'accusé.

M.ᵉ Liechtenberger. Je vais, Messieurs, vous expliquer en peu de mots, les motifs qui ont fait désirer à mon client la présence de M. le Lieutenant-Colonel. Depuis son arrestation, M. Peugnet a été informé, que par ordre du ministre de la guerre, M. le Maréchal de camp Baron Tirlet avait procédé dans le 3.ᵉ régiment d'artillerie à une enquête, relative aux faits dénoncés par le S.ʳ Chafvais; le résultat de cette enquête, quelqu'il puisse être, doit être connu : cet acte se rattache évidemment au procès qui vous occupe; il est à présumer que les accusés y trouveraient des élemens précieux pour leur défense, puisque cette pièce n'a pas été jointe au procès, pour étayer l'accusation : M. Peugnet espé-

4

rait par la déclaration de M. Durrbach suppléer à l'absence de ce document : un autre motif le guidait encore ; un grand nombre d'officiers de son régiment se trouvent enveloppés par le S.ʳ Charvais dans sa calomnieuse attaque contre les accusés : M. Peugnet croyait devoir à son honneur, à celui de ses amis absens, de les faire défendre ici par l'organe d'un de leurs officiers supérieurs : il espérait de plus obtenir de la bouche de M. Durrbach des renseignemens sur la moralité du dénonciateur.

M. le Président. Le conseil va délibérer sur cet incident.

MM. les juges se retirent dans leur chambre de délibération.

Après un intervalle de cinq minutes le conseil rentre en séance, et M. le Président prononce le jugement suivant :

Le conseil ordonne qu'il sera passé outre aux débats.

On procède à l'appel des témoins tant à charge qu'à décharge. Tous répondent à l'appel, à l'exception de M. Verny, étudiant en droit, 6.ᵉ témoin à charge, qui est absent et n'a pu recevoir sa citation.

Les témoins se retirent.

On va procéder à l'interrogatoire des accusés.

Des chaises sont préparées dans l'intérieur du parquet, devant le banc des avocats, pour placer les accusés.

M. Valterre est introduit dans la salle.

M. le Président. Comment vous appelez-vous ?

Réponse. Valterre, Charles-Auguste-Joseph.

Demande. Votre âge ?

R. 28 ans.

D. Votre domicile ?

R. Dugny près Verdun.

D. Quelle est votre profession, qu'êtes-vous ?

R. Actuellement je suis citoyen ; à l'époque de mon arrestation j'étais lieutenant en 1.ᵉʳ à la 5.ᵉ compagnie d'ouvriers d'artillerie.

D. A quelle époque avez vous été arrêté ?

R. J'ai été arrêté le 3 Avril par un ordre arbitraire de M. le Général Pamphile de Lacroix.

(51)

D. Par qui avez vous été arrêté?

R. J'ai été arrêté par 7 gendarmes, à 6 heures du matin au moment où j'étais encore au lit. Ils s'emparèrent de tous mes papiers et me conduisirent ensuite à la prison militaire, où je restai au secret pendant six jours sans pouvoir connaître le motif de mon arrestation.

D. Que vous est-il arrivé après cette époque?

R. Je fus enlevé de ma prison le 8 à 4 heures du soir; je dis enlevé, car on ne me communiqua aucun ordre), et conduit à Paris dans la malle-poste, enchaîné comme un vil criminel et attaché constamment au pied d'un des deux gendarmes qui me conduisaient. Exténué de besoin, fatigué au physique et au moral, j'arrivai à Paris le 11, à 3 heures du matin et je fus conduit immédiatement chez M. le Lieutenant-général Coutard pour y attendre ses ordres.

D. Savez-vous pourquoi vous êtes arrêté?

R. J'ai appris par M. le général Coutard que j'étais accusé de faire partie d'une association secrète dite de Carbonari.

D. Faites-vous en effet partie d'une telle association?

R. Non, M. le président.

D. Comment se fait-il donc que n'étant pas Carbonaro, vous ayez convenu devant le général Coutard que vous faisiez partie de cette association?

R. Introduit chez M. le Général Coutard entre 10 et 11 heures du matin, il me fit d'abord connaître les motifs de mon arrestation. Après quelques questions sur ma famille, sur mes relations avec la société et sur mes opinions, il commença une espèce d'interrogatoire qu'il suspendit bientôt après, pour chercher à m'ébranler tantôt par des menaces, tantôt par des promesses, et m'engager à reconnaître que j'avais fait partie d'une association dont le but, disait-il, était de changer la marche actuelle du gouvernement et de rétablir la charte dans toute son intégrité, telle qu'elle était avant la deuxième loi des élections. Je ne cachais pas à M. le général Coutard, que s'il m'était permis d'émettre un vœu, ce serait en effet celui que je crois partager avec l'immense majorité des Français, celui de voir rétablir la charte telle que le Roi l'avait donnée, telle que le Roi et la France avaient juré de la maintenir et de la défendre. Je refusai du reste de consentir aux désirs du général. Convaincu de l'inutilité des moyens qu'il avait employés jusqu'alors, il eut recours à d'autres toujours plus puissants sur un homme d'honneur ; il chercha à gagner ma confiance. Je ne veux pas vous surprendre, je ne cherche pas à vous tromper, ce n'est pas en procureur du Roi, m'a-t-il dit, c'est en pére, c'est en qualité d'ami du vôtre, dont je fus longtems le compagnon d'armes, enfin c'est en son nom que je vous parle. Je veux vous sauver, mais pour cela un aveu de votre part est nécessaire et vous devez faire une déclaration franche et entière, de tout ce que vous savez au sujet de l'association dont vous faites partie. Toute dénégation serait inutile ; j'ai entre les mains plus qu'il ne m'en faut pour vous perdre. Si vous persistez, vous serez livré aux tribunaux et rattaché aux procés criminels de La Rochelle, Saumur, Belfort etc. Alors rien ne pourra vous soustraire au sort qui vous menace ; la loi est formelle relativement au crime dont vous êtes accusé ; la mort ou l'infamie, voilà ce qui vous attend. Songez à la douleur de votre famille lorsqu'elle vous saura sur le banc des accusés ; songez à la honte que votre condamnation fera rejaillir sur elle. Vous êtes fils unique, vous deviez un jour en devenir l'appui, et c'est vous qui allez la couvrir d'infamie, qui allez flétrir un nom que les services de votre père ont rendu honorable, c'est vous enfin qui allez abréger la carrière de ce respectable vieillard et le faire descendre douloureusement au tombeau.

Je ne pus résister à ce tableau effrayant, j'éprouvais la plus vive et la plus douloureuse émotion. Je répondis toute fois, qu'il ne pouvait exister contre moi qu'une dénonciation et qu'il faudrait que mon lâche accusateur la soutînt et apportât des preuves devant les tribunaux ; que pour mon père et ma famille, j'espérais que certains de mon innocence, ils supporteraient ainsi que moi avec calme et résignation tous les désagrémens qu'on pourrait me faire éprouver.

Croyez vous donc, reprit le général, qu'il n'existe contre vous d'autres pièces que la dénonciation? Il en est d'autres que vous ne pouvez récuser puisqu'elles sont de vos camarades. Il me montra alors une déclaration de Trolé, dans laquelle, me dit-il, cet officier reconnaissait faire partie d'une société de Carbonari, me désignait moi-même comme en faisant partie et donnait les détails les plus circonstanciés sur cette association et son but. Il ajouta qu'il savait que Peugnet était chef et député d'une Vente, qu'il m'avait initié dans l'association et que lui-même enfin en était convenu dans son interrogatoire.

Je répondis que je ne pouvais concevoir ce qui avait pu porter mes amis à faire de semblables déclarations; que, quant à moi, je ne pouvais me déclarer coupable puisque je ne l'étais pas.

Vous n'espérez pas sans doute, reprit le général, résister à toutes les preuves réunies contre vous? Il ne vous reste qu'un seul moyen de vous sauver, celui qu'ont adopté vos camarades. Convenez que vous faites partie de cette association, faites m'en une déclaration franche et entière et je vous donne ma parole que vous partirez avec vos amis pour le Sénégal ou pour toute autre colonie française, où vous serez employé en conservant votre grade. Je vous promets encore que le silence le plus absolu sera gardé sur tout ce que vous pourrez me dire au sujet de l'association, et qu'à part les ministres, moi et les personnes ici présentes nul n'en aura connaissance.

J'étais loin de penser, MM., qu'un lieutenant général, qu'un homme revêtu de la confiance du gouvernement, et qui porte les décorations de l'honneur, pût avoir recours à des mensonges et à l'artifice pour faire un coupable. Je ne croyais pas que le général Coutard qui se présentait à moi comme un père, comme un ami, qui disait vouloir me sauver, ne fut en effet qu'un odieux inquisiteur qui ne cherchait qu'à me perdre. J'ajoutai foi à ses paroles, je crus aveuglément à la vérité de tout ce qu'il venait de me dire relativement à mes amis et je fis la déclaration qu'il exigeait de moi.

Je fis cette déclaration dans la confiance qu'elle ne pouvait compromettre davantage mes amis ; je la fis pour partager leur sort, pour éviter à ma famille les chagrins auxquels elle aurait été en proie, et à moi-même l'ennui d'une longue détention. Je la fis parce que dans mon opinion, l'association eût elle même existé, je ne me fusse pas cru coupable en en faisant partie, puisque je ne manquais à aucune loi de mon pays. Je la fis enfin parceque qu'on ne peut imputer à crime à un Français, de désirer la conservation de la charte dont le Roi est l'auteur et dont il a juré le maintien.

D. Comment se fait-il donc que ne, faisant pas partie de l'association des Carbonari, vous ayez néanmoins donné des détails sur cette société.

R. Ma déclaration ne contient point de détails. Au reste c'est par le général Coutard lui-même que j'ai connu l'organisation de cette prétendue association. Il m'a dit qu'elle se composait de cercles ou Ventes de 8 personnes ; que ces Ventes communiquaient entr'elles au moyen d'un député ; qu'il y avait des Ventes particulières centrales, et une suprême ; que le siége de cette dernière était à Paris. Il me communiqua même les mots de reconnaissance ou de ralliement.

D. Avez-vous connaissance d'une lettre écrite au Roi par votre coaccusé Peugnet ?

R. A l'époque où j'ai subi mes interrogatoires, je ne connaissais pas cette lettre ; depuis, elle m'a été communiquée avec les autres pièces de la procédure. Je l'ai trouvée pleine de force, d'énergie et surtout de vérité, et je déclare ici qu'elle est l'expression fidèle de mes sentimens. *)

*) *Cette lettre qui a été produite aux débats se trouve jointe aux pièces du procès, elle est conçue ainsi :*

A Sa Majesté le Roi des Français.

Sire,

Quoique dans les fers, j'y conserve une ame libre, et je brûle

(65)

D. Dans une lettre écrite à M. Zéa que vous qualifiez de ministre de la république de Colombie, ne dites-vous pas que vos opinions sont contraires au gouvernement ; vous êtes donc l'ennemi du gouvernement ?

R. Je dis en effet dans cette lettre que mes opinions sont contraires au gouvernement ; je l'ai dit et je le répète encore ; mais il n'est pas à dire que parceque mes opinions sont contraires au gouvernement, à la marche du gouvernement, que j'en sois l'ennemi et que je ne respecte pas ses actes. M. le général m'avait déclaré qu'il regardait mes opinions comme contraires au gouvernement, il n'est donc pas étonnant que je me sois servi de cette expression.

D. Ne vous reprochez-vous pas dans une lettre au général Coutard, d'avoir trahi la confiance de votre ami, et quel est cet ami ?

R. Cet ami est Peugnet. Les réfléxions que je fis sur

---

de faire connaître à votre Majesté les vrais sentimens du peuple Français.

Sire, les Français aiment leur Roi, mais ils gémissent de le voir entouré de vils flatteurs, d'hommes avides du pouvoir: les Français veulent la charte, ils ne souffriront pas que la loi fondamentale soit violée, et si les ministres de votre Majesté persistent dans cette folle entreprise, bientôt, Sire, tout se réunira contre la puissance violatrice des lois.

Sire, les sermens politiques ne sont plus dans nos mœurs; ce n'est plus le tems où l'on enchaînait les peuples par des sermens: si votre Majesté pouvait en douter, qu'elle daigne jeter un regard sur les événemens de 89, sur 1814, 1815, sur Naples, l'Espagne et la Grèce. C'est en gouvernant avec sagesse, en respectant la loi fondamentale, et diminuant les impôts, que les ministres de votre Majesté parviendront à consolider votre trône, en l'entourant de l'amour du peuple français.

Voilà, Sire, ce que depuis longtems un Français ami de la paix, de la Patrie et de son Roi, voulait avoir l'honneur d'exprimer à votre Majesté.

J'ai l'honneur d'être avec le plus profond respect,

Sire,

de Votre Majesté

le très-humble et très-fidéle sujet,

Prison de S¹. Pélagie, le 18 Avril 1822.   *Peugnet.*

la conversation que j'avais eue avec le général Coutard, firent naître en moi des doutes sur la vérité de ce qu'il m'avait dit relativement à Peugnet. Il ne m'avait montré de déclaration que de Trolé et m'avait parlé plus particulièrement de lui. Dès lors je craignis et me reprochai en effet d'avoir pu compromettre Peugnet et j'en témoignai ma douleur au général Coutard.

D. Ne vous reprochez-vous pas aussi dans cette lettre d'avoir oublié les sermens que vous aviez prêtés sous les drapeaux ?

R. D'après la déclaration que j'avais remise au général Coutard, je ne pouvais tenir un autre langage. Il était essentiel que rien ne lui ôtât l'idée que cette déclaration était franche et entière. Comme je viens de le dire, l'idée d'avoir pu compromettre mon ami, était insupportable pour moi, mais j'étais obligé de cacher la douleur que j'en ressentais, sous le voile du repentir d'avoir pu oublier mes devoirs envers le Roi. Je le répète, je ne pouvais tenir un autre langage.

D. Etes-vous allé chez M. Trolé dans la soirée du 2 Avril ?

R. J'y suis allé en effet.

D. Quelles sont les personnes qui y étaient avec vous ?

R. MM. Trolé, Peugnet et un officier du 40.e de ligne que j'ai su depuis s'appeler Charvais.

D. Où avez-vous connu M. Charvais ?

R. Je l'ai vu une seule fois à la réunion chez Trolé.

D. N'avez-vous pas assisté à la réception du S.r Charvais comme Carbonaro, et ne lui a-t-on pas donné lecture d'un réglement ?

R. Il n'a été nullement question de tout cela.

D. De quoi s'est on occupé dans cette soirée ?

R. On a parlé de la pluie et du beau-tems, des spectacles, des journaux et d'autres choses indifférentes.

M. le Président. Asseyez-vous.

L'accusé Peugnet est introduit dans la salle d'audience.
M. le Président. Votre nom ?

R. Peugnet, Hyacinthe.

D. Votre âge?

R. 28 ans.

D. Votre domicile?

R. Vrancourt, département du Pas-de-Calais.

D. Votre profession?

R. J'étais lieutenant au 3.e régiment d'artillerie à pied, à l'époque de mon arrestation ; j'ai appris depuis, par un ordre du jour inséré dans les journaux, que j'étais rayé des contrôles de l'armée.

D. Depuis quand êtes-vous arrêté?

R. Je fus arrêté le 3 Avril dernier, à 6 heures du matin, par 7 gendarmes.

D. Pourquoi êtes-vous arrêté?

R. Je suis accusé de faire partie d'une association secrète, dite des *Carbonari*.

D. Depuis quand le savez-vous?

R. Je l'ai su seulement à Paris, huit jours après mon arrestation.

D. Quand êtes-vous parti pour Paris?

R. Je fus enlevé de ma prison le 7 Avril, à 4 heures du soir, renfermé dans une voiture avec deux gendarmes, sans que l'on m'eût montré aucun ordre ; et ce ne fut qu'à 10 lieues de Strasbourg, que j'appris confidentiellement par un gendarme, que l'on me conduisait à Paris.

D. Avez-vous connaissance de l'association des Carbonari?

R. Non.

D. Comment se fait-il donc que vos coaccusés Valterre et Trolé, ont déclaré que vous les aviez reçus dans cette association?

R. Mes amis ont été conduits à Paris, non chez un général, mais chez un inquisiteur ; il a eu recours aux plus vils mensonges, pour les perdre. Mes amis ne m'ont nommé que dans l'espoir de m'être favorables et de m'éviter une longue détention ; ils n'ont été que malheureux, et je les estime plus que jamais ; au reste, ils ont dû répondre à cette question.

D. Pourquoi avez-vous fait une demande pour quitter le territoire français?

R. Arrivé à Paris le 10 Avril, à 4 heures du matin, je fus conduit chez M. le général Coutard. J'y fus retenu pendant douze heures, passant alternativement du cabinet du général, dans la chambre où étaient mes gendarmes. Rien ne fut épargné pour m'arracher des déclarations; menaces, promesses, tout fut mis en usage, mais je résistai à tout. Mis au secret à la prison de St Pélagie, j'y attendais un juge d'instruction, la loi me permettait de l'espérer; mais là, on eut recours encore aux mêmes moyens! d'un côté, l'on me montrait la mort comme inévitable; de l'autre, on attachait des récompenses à mes aveux. Enfin, inquiet sur le sort de mon frère, sur celui de ma famille, dont mon frère et moi étions les uniques soutiens, tourmenté par les déclarations de mes amis dont la conduite me paraissait inexplicable, mon imagination s'égara, je me crus condamné. On a abusé de cet état de faiblesse pour m'arracher une demande d'exil; et depuis, on a eu l'infamie de publier par un ordre du jour, que, pour prix de la sincérité de mes aveux j'avais obténu la permission de sortir du territoire français: c'est une calomnie; et je suis décidé à réclamer l'application de la loi contre le calomniateur; ministre ou général, ces mots m'importent fort peu; la loi est faite pour tous.

D. Avez-vous écrit une lettre au Roi?

R. Oui. — Dans mon assiette ordinaire, à mon âge et du fond de mon secret, il eût été inconvenant de donner des conseils au Roi: mais, puisque cette lettre existe, je ne la désavoue pas. Je dis au Roi, que les sermens politiques ne sont plus dans nos mœurs; et à l'appui de cette assertion, je cite les évènemens de Naples, de l'Espagne et de la Grèce, sans me permettre aucune autre réflexion sur ces événemens: j'ai cependant mon opinion à cet égard; elle est fixe, invariable, je me dispense de l'émettre ici. — Tout le reste de ma lettre respire mon amour pour le Roi, mon attachement pour le pacte social; je suis ici entouré de Français, un Français me désavouera-t-il?

D. Avez-vous écrit à M. Zéa que vos opinions politiques étaient contraires au gouvernement?

R. Oui. — J'aurais dû dire, peut-être, contraires à la marche du gouvernement. Si c'est un crime, je dois m'avouer coupable, car mes opinions sont telles.

D. Etiez-vous chez M. Trolé, dans la soirée du 2 Avril?

R. Oui.

D. Avec qui y étiez-vous?

R. Avec MM. Valterre, Trolé et Charvais.

D. Avez-vous initié M. Charvais comme *Carbonaro*?

R. Non; nous n'avons parlé que de la pluie et du beau tems.

D. Depuis quand connaissez-vous M. Charvais?

R. Je l'ai vû, pour la première fois, la veille de mon arrestation. Je n'ai même appris son nom qu'un mois après mon arrivée à Paris. J'ai été informé, depuis mon retour à Strasbourg, que M. Charvais est un être infâme et immoral. Ne voulant cependant pas attaquer sa réputation devant un tribunal, sans avoir des preuves de son immoralité, je me décidai à faire assigner M. le Lieutenant-Colonel Durrbach, dans l'espérance qu'il pourrait m'aider à prouver que M. Charvais est indigne d'être admis à prêter serment devant la justice. Ce n'était point là le seul motif pour l'assignation de M. le Lieutenant-Colonel Durrbach; une enquête avait été faite auprès du 3.e régiment d'artillerie par ordre du ministre de la guerre. Cette enquête étant relative à notre affaire, je croyais qu'il était dans l'intérêt de la justice que le résultat en fût transmis au tribunal. Un 3.e motif, était la déclaration de M. Charvais; elle compromettait la plus grande partie des officiers de ce régiment; je regardais comme indispensable, que ces officiers fussent justifiés ici, par l'organe de leur Lieutenant-Colonel. J'écrivis en conséquence à M. le capitaine rapporteur, pour motiver cette assignation. Le ministère public n'écoutant que la voix de la justice, se chargea de prendre lui-même des informations sur la moralité de notre dénonciateur. — Dans ce que je vais vous dire contre M. Charvais, je n'emprunterai que les expressions du ministère public lui-même. Je jure sur l'honneur que je ne répéterai que ce qui m'a été dit par M. le capitaine rapporteur; je suis persuadé qu'il ne me désavouera pas.

M. le capitaine rapporteur s'étant rendu à l'hôpital auprès d'un jeune musicien, victime de M. Charvais; le jeune homme déclara que M. Charvais était celui qui l'avait conduit sur son lit de douleur. — M. le rapporteur se transporta aussitôt chez M. Charvais, lui fit part de l'accusation qui pesait sur lui, et l'invita à se rendre à l'hôpital. M. Charvais avait une assurance telle, que M. le rapporteur était tenté de croire que la déclaration du musicien était fausse; la confrontation eut lieu en présence de quatre officiers du 40.ᵉ, et M. Charvais n'eut pas la force d'y résister. Quelques heures après, M. le capitaine rapporteur lui ordonna de se rendre aux arrêts, en lui disant qu'il était un monstre, un scélérat; et qu'il ne lui restait d'autre ressource que de se brûler la cervelle ou de se jeter dans le Rhin.

D. Pourquoi vous obstinez-vous à attaquer M. Charvais?

R. Je n'ai qu'un accusateur; si l'accusation qu'il fait peser sur moi était prouvée, elle entraînerait la peine capitale. Si je viens à bout de prouver que mon dénonciateur est un être infame, un être que la société devrait bannir de son sein, la justice le repoussera, et je n'aurai plus d'accusateur.

M. le Président. Allez vous asseoir.

M. le Capitaine rapporteur. Dans ce que vient de dire M. Peugnet, je n'ai qu'un fait à rectifier: ce n'est pas moi qui sommai M. Charvais de me suivre à l'hôpital; c'est lui qui m'invita à l'accompagner. Tout le reste est exact.

L'accusé Trolé est introduit.

M. le Président. Accusé, quel est votre nom?

R. Trolé, Jâques-Lami.

D. Votre âge?

R. 25 ans.

D. Votre profession ?

R. Avant mon arrestation j'étais lieutenant d'état-major attaché au bataillon des pontonniers.

D. Savez-vous de quoi vous êtes accusé et où l'avez-vous appris ?

R. Arrêté par la gendarmerie, le 3 Avril dernier, en mon domicile à Strasbourg, par ordre de M. le Lieutenant général Pamphile de Lacroix, saisie faite de mes papiers, je fus conduit à la prison militaire du pont-couvert et mis au secret. Quatre jours après, au mépris de toute loi sociale, par un acte arbitraire inimaginable, je fus tiré de ma prison, distrait de mes juges naturels, jetté dans une voiture, enchaîné par le pied avec un gendarme, et conduit ainsi à Paris, sans qu'on eût daigné m'apprendre ni où j'étais mené ni de quel crime j'étais accusé.

Arrivé dans la capitale à 4 heures du matin, j'y fus reçu par un officier de gendarmerie et conduit immédiatement chez M. le Lieutenant général comte de Coutard, commandant la 1.ᵉ division militaire. Introduit dans son cabinet, vers dix heures, là seulement j'appris par lui que j'étais accusé de faire partie d'une société secrète désignée sous le nom de Carbonari. Ce général me dit: „Ne voyez en moi ni un procureur du Roi, ni un juge „d'instruction, mais un général revêtu de la confiance du „ministre de la guerre, un père dont le caractère, les ser- „vices et le grade doivent éloigner de vous toute idée de „déception. J'ai en main plus qu'il n'en faut pour vous „perdre, la loi est positive pour le délit dont vous êtes „accusé; la mort ou l'infamie vous attend. Je vous offre le „bénéfice de la loi, réfléchissez y bien, car après il sera „trop tard; je sors, dans 10 minutes je viendrai savoir „votre réponse."

Après cet espace de tems M. le général rentra et procéda à un interrogatoire dans lequel je répondis négativement à toutes les interpellations d'accusation qu'il me fit, comme l'atteste mon premier interrogatoire qui est aux pièces de la procédure.

„En vain voudriez-vous vous taire, ajouta-t-il. Pour

« vous prouver que j'en sais autant que vous sur l'asso-
» ciation dont vous êtes accusé faire partie, c'est que j'ai
» j'ai chez moi les réglemens des Carbonari, que je sais
» que cette association se compose de cercles hiérarchiques
» connus sous le nom de Ventes, qu'il y en a de particulières
» centrales, hautes, et une suprême, etc. « il continua ainsi à
me dévoiler tous les mystères de cette association; il m'offrit
même de me prendre la main pour me faire des signes.

Me montrant alors à distance des papiers qu'il tenait en
main, M. le général me dit encore : « Vous savez que le
» frère de Peugnet est compromis dans l'affaire de Belfort, «
» » oui, répondis-je. « « « Eh-bien il vient de se constituer
» prisonnier à Colmar pour sauver son frère, avant tout
» il a fait des conditions avec le gouvernement, elles ont
» été acceptées, et déjà il a fait des révélations importantes.
» Dites donc franchement tout ce que vous savez, ne
» craignez pas de compromettre votre camarade Peugnet;
» il est sauvé, «

Certain de l'innocence de mon ami, je répondis que je
n'avais rien à lui en dire. Successivement promesses, menaces, tout fut employé pour me faire parler; mes réponses
furent toujours les mêmes.

Voyant enfin qu'il ne réussissait pas, instruit par moi
que mon père, ancien militaire, était atteint depuis 18
mois d'une maladie qui faisait craindre pour sa vie, que
de plus il avait une place du gouvernement, il m'assura
qu'il serait destitué, et joignant à tout cela le tableau dé-
plorable de sa situation, il me le représenta persécuté,
couvert de honte et d'ignominie, conduit au tombeau
par ce qu'il a de plus cher au monde, son unique enfant,
sa seule consolation, et m'accablant enfin du poids de sa
malédiction.....

Tenant un tel langage, M. le général Coutard parlait à
mon cœur, mon cœur seul dicta ma réponse. Il exigeait
de moi une déclaration de Carbonaro; il m'avait dit :
» que le but de cette association était d'obtenir la charte
» dans toute son intégrité, c'est à dire, de rétablir le gouver-
» nement tel qu'il était avant la dernière loi des élections. «

(63)

Je ne trouvais rien de criminel à cela, je signai une pièce qui ne contenait que le résultat de ma conversation avec M. le Général. Mais eût-il fallu m'accuser du plus grand crime, propriétaire de ma personne, je n'eusse pas hésité un seul instant à le faire, pour épargner à mon père tous les malheurs dont il était menacé.

Depuis 10 heures du matin jusqu'à 4 heures de l'après-midi, M. le général Coutard me fit passer alternativement d'une chambre où j'étais gardé par des gendarmes, dans son cabinet et pendant tout ce tems, me fit endurer tous les genres possibles de tortures morales. Toutefois avant de signer ce qu'il me demandait, je fis mes conditions; le général les accepta me donnant sa parole d'honneur pour garantie. Elles étaient: 1.º que ma déclaration ne serait connue que de S. Exc. le ministre de la guerre et de lui et n'aurait jamais d'autre publicité; 2.º que je conserverais mon grade et serais employé dans une des colonies que je désignerais. (Une lettre écrite en entier de la main de M. le général Coutard, et signée par lui qui est entre les mains de mon défenseur, atteste la vérité de ce que je dis.)

A 7 heures du soir, je fus conduit à la prison militaire de l'abbaye, et mis au secret dans une chambre où dévoré par les insectes, je ne pus trouver un seul instant de repos. Là pendant plusieurs jours un officier envoyé par M. le général Coutard, vint me présenter une série de nouvelles questions auxquelles je devais répondre. Une de ces questions entre autres était conçue ainsi quant au sens: »N'y avait-il pas coalition des bourgeois et des militaires; »pour agir à main armée contre le gouvernement?« Je refusai constamment de le faire. Enfin cet officier arriva le 13 Avril et me dit: »qu'il était autorisé de la part du »général Coutard à me donner sa parole d'honneur, que »Valterre m'avait nommé ainsi que Peugnet comme fai- »sant partie d'une société secrète, qu'il avait reconnu avoir »été initié par ce dernier dans l'association des Carbonari; »et qu'en outre, il nous avait désigné tous les deux »comme ayant assisté chez moi avec lui à la réception d'un »quatrième.

La conduite de mon ami me paraissait inexplicable; le général ne cessait de me faire dire que ma déclaration était insignifiante, et exigeait encore que je répondisse *franchement et loyalemeut* (ce sont ses propres expressions) aux nouvelles questions qui m'étaient posées. Je me trouvai donc forcé de convenir de ce fait quoique faux, puisque sans cela mon sacrifice devenait illusoire. De plus m'étant déclaré Carbonaro, il fallait bien dire, qui m'avait reçu; jusque là j'avais été dans l'impossibilité de le faire. Mais alors Peugnet était déja nommé par deux personnes, je ne vis donc pas d'nconvénient à dire que j'avais été reçu par lui, quoiqu'il n'en fût rien. Deux raisons m'y déterminèrent, la première c'est que je ne le compromettais pas davantage; la deuxième, c'est que j'étais dans l'intime persuasion d'après ce que m'avait dit M. le général, qu'il n'avait rien à redouter. Et comme me l'avait observé et me le faisait encore observer le général, mon obstination à garder le silence ne pouvait que lui être préjudiciable; bien résolu toutefois à ne pas partir sans l'embrasser, à lui expliquer les motifs de ma conduite, certain de conserver son estime et son amitié lorsqu'il les connaitrait.

D. Comment avez vous pu dire que c'était pour sauver Peugnet que vous l'aviez nommé ?

R. Je n'ai pas dit que c'était pour sauver Peugnet que je l'avais nommé, mais bien pour lui éviter une publicité toujours fâcheuse à laquelle il ne pouvait échapper, une détention longue et pénible et tous les déboires et les humiliations dont nous avons été abreuvés jusqu'ici. Car nommés tous deux par notre dénonciateur et par Valterre, un plus long silence de ma part me faisait mettre en accusation et devait nécessairement le faire comparaître avec moi sur le banc des accusés, c'est ce que je voulais éviter.

D. Avez-vous fait une demande pour quitter le territoire français.

R. Oui, j'ai fait une demande pour quitter le territoire français. Mais lorsqu'on exigea de moi cette demande, je vis alors que j'avais été trompé et que j'étais dupe de

(65)

la déloyauté du général Coutard. Je ne voyais plus que le bonheur d'embrasser mes amis ; je saisis avec empressement le moyen qu'on m'en offrait et le style de ma demande qui est aux pièces du procès, prouve assez que ce n'est ni à titre de clémence ni à titre de faveur que je l'ai faite.

D. Dans une lettre collective écrite à M. Zéa avez-vous dit que vous aviez des opinions politiques contraires au gouvernement actuel ?

R. Interrogé par M. le général Coutard le jour de mon arrivée à Paris, sur mes opinions politiques, je répondis : „Je suis libéral, c'est-à-dire partisan du gouvernement du „Roi avec la charte dans toute son intégrité.« Les lois actuellement en vigueur ne me paraissant point en harmonie avec la constitution, j'ai dit à Paris dans une lettre collective écrite à M. Zéa que j'avais des opinions politiques contraires au gouvernement actuel. Je le répète à Strasbourg en présence du tribunal. A Paris ce n'etait que comme émission de vœux de ma part, parce que j'étais militaire ; maintenant c'est comme plainte, parce que je suis citoyen indépendant et que je trouve la nation lésée dans ses droits.

D. Comment se fait-il qu'ayant déclaré que votre père, ancien militaire, avait une place nécessaire à son existence, on ait trouvé chez vous pour 2,800 fr. de billets.

R. Je pourrais me dispenser de répondre à cette question : mais j'ai demandé des juges ; c'est pour leur rendre compte de toutes mes actions : quoique sans fortune, je suis, depuis l'âge de majorité, propriétaire de quelques capitaux que je fais valoir moi-même. Ces billets proviennent d'une rente pour laquelle j'étais inscrit sur le grand livre de la dette publique et que j'ai vendue pour payer mes frais d'examens et de réception au grade de docteur en médecine. Lors de mon arrestation j'avais pris la confiance de prier M. mon colonel de me les garder. J'appris depuis qu'il les avait envoyés à S. Exc. le ministre de la guerre. J'ignore la raison pour laquelle il s'en est dessaisi. Interrogé à Paris à l'égard de cet argent, j'ai donné tous les éclaircissemens possibles et depuis mon retour à Strasbourg ils m'ont été remis à ma prison par M. le capitaine rapporteur. Mais la meilleure preuve que je puisse vous donner, messieurs, que la source de ces billets est pure et légitime ; c'est que s'il en était autrement, ils seraient sur votre table et sous vos yeux comme pièces de conviction et loin de me faire la question que vous venez de m'adresser, vous vous en serviriez contre moi comme de la plus forte preuve d'accusation (murmures d'approbation ; M. le président menace de faire évacuer la salle si on ne se tait pas).

D. Avez-vous enlevé sous votre bras et brûlé en route les statuts de l'ordre des Carbonari ?

R. Si le témoignage de l'officier de gendarmerie et des gendarmes qui m'ont arrêté ; si celui du gendarme avec lequel j'ai été enchaîné par le pied jusqu'à Paris , ne vous paraissait pas suffisant, j'invoquerais l'impossibilité rationnelle de la chose , et je vous demanderais, messieurs, comment vous pouvez concevoir qu'un homme arrêté en chemise , entouré de six gendarmes , qui tous ont les yeux fixés sur lui , puisse lever les bras pour ouvrir un secrétaire , sans laisser tomber un cahier du volume de 12 à 20 pages comme l'a déclaré M. Charvais, ou le garder sous son bras sans qu'on s'apperçoive d'aucune gêne de sa part , et enfin ait pu le brûler en route sans que le gendarme avec lequel il était enchaîné ne s'en soit aperçu.

D. Mais M. le général Coutard prétend que vous le lui avez dit ?

R. J'ai en main la preuve matérielle que M. le général Coutard a dit un mensonge; pourquoi M. le général ne pourrait-il pas en avoir dit deux ?

D. Où avez-vous fait la connaissance de Charvais?

R. A ma pension, où nous mangions tous les deux, quoiqu'à une table différente.

D. Avez-vous eu des conversations politiques avec lui: qui de vous deux à provoqué l'autre ?

R. J'ai parlé plusieurs fois politique avec M. Charvais ;

(67)

j'ai toujours manifesté franchement mon opinion. On peut au reste parler politique sans qu'il y ait pour cela provocation ni d'un côté ni de l'autre.

D. Etiez-vous chez vous le 2 Avril au soir ; quels étaient les individus qui s'y trouvaient ?

R. J'étais chez moi avec mes amis Peugnet, Valterre et M. Charvais, lieutenant au 40.ᵉ de ligne.

D. Charvais y a-t-il été reçu Carbonaro ?

R. Non, monsieur le président.

D. Persistez-vous à dire que Peugnet ne vous a pas reçu Carbonaro et que vous ne l'êtes pas vous même ?

R. Oui, M. le président, parce que c'est la vérité.

M. le président. Accusé, asseyez vous.

On appelle le 1.ᵉʳ témoin à charge.

Sur la demande de M. le Président, il dit s'appeler Barbe Lauer etc., servante dans la maison qu'habitait M. Trolé au moment de son arrestation.

Le témoin dépose que l'accusé Trolé n'habitait la maison où elle sert, que depuis le 1.ᵉʳ Avril : que dans la soirée du 2 Avril, plusieurs officiers sont venus chez lui ; qu'elle ne sait ce qui s'est passé, et qu'elle ne connaît aucun de ces officiers. Le lendemain M. Trolé a été arrêté de grandmatin.

2.ᵉ *Témoin.* Louis Knœrr, propriétaire à Strasbourg. L'accusé Peugnet a logé chez lui. Il ne fréquentait que peu de monde, il était fort assidu à ses occupations.

3.ᵉ *Témoin.* M.ᵉˡˡᵉ .... Rübsaamen. M. Trolé a logé chez le témoin jusqu'au 31 Mars dernier ; elle n'a vu aucune réunion chez l'accusé, qui passait la plus grande partie de son tems à étudier.

4.ᵉ *Témoin.* Laurent Chappuis, artiste. L'accusé Valterre a logé chez le témoin. A son retour de son sémestre, il a été obligé de lui refuser un logement, parce qu'il n'avait plus de place : le témoin ajoute que c'est à regret qu'il a donné ce refus, parce que M. Valterre était très-tranquille, studieux et rangé, et qu'il recevait fort peu de monde.

5 *

5.e *Témoin.* M..... Malachowsky, ancien officier des lanciers polonais, actuellement propriétaire à Strasbourg. C'est dans le domicile du temoin que M. Valterre a eté arrété : il a vu faire la perquisition des lieux. M. Valterre ne voyait personne.

6.e *Témoin.* Edouard Verny, étudiant en droit. Il est absent.

7.e *Témoin.* M.... Mouton, colonel du 40.e régiment de ligne, en garnison à Strasbourg.

Les faits dont le témoin doit parler sont si nombreux, leur date est déjà si éloignée, qu'il craint que sa mémoire ne lui fournisse plus les details nécessaires. Le conseil, du consentement des accusés, ordonne qu'il sera fait lecture, en présence du témoin, de sa déposition écrite. Cette lecture est faite par le capitaine rapporteur..

La déposition du témoin ne roule que sur les confidences que lui a faites le Sr Charvais, qui était lieutenant dans son régiment ; elle ne contient pas d'autres détails que ceux déjà rapportés dans la dénonciation.

Me Farges-Méricourt. Je prie M. le Président d'inviter M. le colonel Mouton à donner des renseignemens sur la moralité du Sr Charvais.

Le témoin. Depuis dix-huit mois que j'ai l'honneur de commander le 40.e je n'ai connu aucune plainte contre M. Charvais; sa conduite a toujours été régulière et digne d'éloges : les notes que j'ai remises à MM. les généraux qui ont inspecté le régiment, peuvent faire foi de ce que je dis ici.

8.e *Témoin.* M.^r..... Dillon, Lieutenant-Colonel du 40.e de ligne.

La déposition du témoin ne contient également que les confidences du Sr Charvais, et les details fournis par lui sur la *conspiration.*

9.e *Témoin.* M..... Lamarque, chef de bataillon au 40.e régiment de ligne.

Même deposition que les deux précédentes.

10.e *Témoin.* Le Sr Charvais. (Mouvement dans l'auditoire.)

(69)

Le S.ʳ Charvais est introduit, il est revêtu de l'uniforme d'Infanterie de la garde Royale.

Sa déposition qui est fort longue, n'est que la répétition presque littérale de ses rapports.

Il termine ainsi: (avec feu et frappant de sa main sur la poitrine) si agir comme je l'ai fait, c'est être un délateur, je déclare que je me fais honneur de l'être, et que dans toutes les occasions pareilles je m'empresserai de tenir la même conduite.

M. le Président. Vous avez dit dans vos déclarations, qu'après votre réception comme Carbonaro et au moment de vous séparer, l'accusé Trolé vous avait dit.: *nous ne pouvons nous dissimuler que nous sommes de véritables conspirateurs contre le gouvernement*; avez-vous considéré ces mots comme un fait, ou comme un simple propos?

Le témoin. Je ne les considérais alors que comme un simple propos.

M. le Procureur du Roi. Vous avez dit aussi que la caserne occupée par le 3.ᵉ régiment de ligne n'avait que deux issues, et que deux pièces de canon suffiraient pour contenir ce régiment: ces faits sont inexacts, la caserne dont vous parlez a cinq issues différentes, et il est impossible avec deux pièces de canon d'empêcher la sortie.

Le témoin. J'ai cité les faits comme me les a rapportés M. Trolé, sans les examiner.

M.ᵉ Fargès-Méricourt. Je prie M. le Président de demander au dénonciateur....

Le S.ʳ Charvais (interrompant). Je ne suis point un dénonciateur.

M.ᵉ Fargès. Vous l'êtes, et la loi me donne le droit, m'impose l'obligation....

Le témoin. C'est une insulte....

M. le Président. J'invite les défenseurs à cesser ces débats et à ne pas s'écarter de l'ordre.

M. le Procureur du Roi. M. le défenseur ne mérite pas le rappel à l'ordre, il a usé de son droit: les accusés ont été dénoncés par M. Charvais: l'article 323 du code d'instruction criminelle est ainsi conçu: Les dénonciateurs, autres que ceux récompensés pécuniairement par la loi, pourront être entendus en témoignage; mais le Jury sera averti de leur qualité de dénonciateurs.

Me *Fargès*. M. le Président, veuillez demander au dénonciateur . . . .

Le Sr Charvais. Vous m'insultez: je ne souffrirai pas qu'un avocat . . . .

Me *Detroyes* (avec force et chaleur). M. le Président, veuillez faire observer au Sr Charvais qu'il doit s'exprimer avec plus de décence, lorsqu'il s'adresse à un avocat : je vous prie de lui dire, ce qu'il paraît ignorer, que notre profession est aussi indépendante, aussi ancienne et aussi noble que la magistrature même, qu'on nous doit respect et considération, surtout lorsque nous défendons des accusés, parce que nous remplissons un des devoirs les plus sacrés de notre état, devoir commandé par l'humanité et la loi même; je vous prie de lui faire observer enfin qu'il ne lui appartient pas de nous adresser la parole, surtout avec indécence, comme il vient de se le permettre.

Me *Fargès*. La question que je voulais faire est celle-ci : Le Sr Charvais a-t-il rayé, dans un de ses rapports, ces mots qu'il avait écrits : *je m'inquiète fort peu de la charte, je n'ai jamais prêté serment à cette institution?*

On présente le manuscrit au témoin, qui répond : oui, c'est moi qui ai fait cette rature.

Me *Fargès*. Le témoin n'a-t-il pas accompagné il y a quelques semaines M. le capitaine rapporteur à l'hôpital militaire, n'y a-t-il pas été confronté avec un musicien du 40.e de ligne qui s'y trouve, et là en présence de quatre officiers du même régiment n'a-t-il pas fait l'aveu des faits que le musicien malade lui imputait?

Le témoin. Suis-je un accusé ici?

M. *le Président*. Vous n'êtes pas accusé, vous êtes l'accusateur, vous êtes le témoin unique à peu-près, dans cette affaire; il est naturel que les accusés fassent des efforts pour infirmer votre déclaration: répondez à la question.

Le témoin. J'ai effectivement été à l'hôpital militaire . . . c'est une manœuvre infame qu'on a tramée contre moi: je réclamerai là-dessus toute la publicité : *tant qu'au reste*, il est faux que je sois convenu de rien.

M.ᵉ Fargès. Le lendemain de cette confrontation, *dans laquelle le témoin n'a rien avoué*, n'a-t-il pas donné sa démission ?

Le témoin. J'ai donné ma démission, mais S. Exc. le ministre de la guerre a daigné ne pas l'accepter, et je suis aujourd'hui encore officier dans la garde Royale.

M.ᵉ Fargès. Depuis cette époque le témoin n'a-t-il pas fait un voyage ?

Le témoin. Oui, je me suis rendu à Paris, à cause des machinations que l'on pratiquait contre moi, et pour y réclamer un tribunal civil.

M.ᵉ Fargès. Pendant sa route le témoin n'a-t-il écrit à personne ?

Le témoin. J'ai écrit à M. le lieutenant-général Pamphile de Lacroix.

M.ᵉ Fargès. N'a-t-il pas encore écrit une autre lettre ?

Le témoin. J'ai encore écrit à M. le capitaine-rapporteur.

M.ᵉ Fargès. Quel était le contenu de cette lettre ?

Le témoin. Il n'y avait que des choses qui me sont personnelles.

Mᵉ Fargès. Ne contenait-elle pas des menaces de dénonciation ?

Le témoin. Non.

Le témoin va s'asseoir.

La liste des témoins à charge est épuisée, les témoins à décharge appelés par les accusés, vont être entendus.

M. le Capitaine rapporteur. Nous ne voulons pas restreindre ni gêner la défense ; cependant nous devons nous opposer à ce que les témoins qui ne doivent pas déposer sur les faits mêmes qui constituent l'accusation, et dont le témoignage n'aurait pour but que d'incriminer la conduite ou la moralité de M. Charvais, soient entendus.

M.ᵃ Fargès. La prétention qu'élève M. le capitaine rapporteur n'est fondée en aucune manière ; l'accusé a le droit de faire entendre tel témoin qu'il juge utile à sa défense : la loi est formelle. L'article 6 du titre 5 de la loi du 13

Mai 1793 porte : Les témoins assignés ou produits par l'accusé, seront entendus dans le débat. Cet article proclame l'admission de tous les témoins : il n'établit ni distinction, ni admission ; le système du ministère public est encore repoussé par l'art, 319 du code d'instruction criminelle, qui dit, que l'accusé pourra dire *contre le témoin* et contre son témoignage tout ce qui pourra être utile pour la défense. Nous avons un seul témoin qui nous accuse ; il est important que le conseil apprenne quelle valeur il peut attacher à son témoignage.

M. le Procureur du Roi déclare qu'il est de l'avis du défenseur.

Le conseil ordonne que les témoins assignés seront entendus.

1.er *témoin.* M..... Dufour, lieutenant de gendarmerie en résidence à Saverne.

M. le Président. C'est vous qui avez arrêté l'accusé Trolé ; que s'est-il passé à cette occasion ?

Le témoin. Je me suis présenté chez M. Trolé à six heures du matin avec mes gendarmes ; lorsque j'ai ouvert la porte de sa chambre, il est venu vers moi, sortant de son lit, en chemise ; je lui ai dit que je venais l'arrêter, et saisir ses papiers ; j'ai de suite fait visiter ses vêtemens, et lui ai demandé où étaient ses papiers ; il m'a dit qu'ils se trouvaient dans son secrétaire.

M. le Président. La clef de ce secrétaire était-elle à la serrure ?

Le témoin. Je ne m'en souviens pas parfaitement, mais je crois qu'elle se trouvait placée sur le secrétaire.

M. le Président. Qui a ouvert le secrétaire ?

Le témoin. C'est l'accusé lui-même.

M. le Président. Était-il obligé de lever les bras pour le faire ?

Le témoin. Le secrétaire était en forme d'armoire et l'accusé ne pouvait pas l'ouvrir sans lever les bras.

M. le Président. L'accusé n'a-t-il pas pu cacher un petit cahier de papier sous son aisselle ?

Le témoin. Non, M. le Président, il serait impossible

que moi ou l'un des gendarmes nous ne nous en fussions aperçus.

M. le Président. Qu'a-t-on fait des papiers de l'accusé?

Le témoin. Ils ont été enveloppés et portés chez M. le lieutenant-général.

M. le Président. N'êtes-vous pas retourné une seconde fois au logement de l'accusé?

Le témoin. Après que M. Trolé avait été conduit à la prison militaire, je suis, par ordre de M. le général, retourné à son logement pour y faire la recherche d'un papier que l'on disait manquer : j'ai fait visiter tous les meubles, sans rien trouver.

2.ᵉ *témoin.* N. N., maréchal-des-logis de gendarmerie à Strasbourg.

Dépose : qu'il a accompagné l'accusé Trolé dans la malle-poste de Strasbourg jusqu'à Paris ; dans ce trajet l'accusé était constamment attaché au pied avec un gendarme : ni ce gendarme, ni lui témoin n'ont quitté l'accusé pendant une seconde.

M. le Président. L'accusé n'a-t-il pas brûlé un papier en route?

Le témoin. Non, M. le Président, et il était impossible quil le fit, sans que nous le vissions, car nous ne l'avons pas quitté un instant.

M. le capitaine rapporteur. N'avez-vous pas permis à l'accusé d'écrire des lettres?

Le témoin. Oui, M., l'accusé a écrit en route deux lettres, dont j'ai pris connaissance.

3.ᵉ *témoin.* N. N., gendarme à Strasbourg.

Ce témoin est le gendarme au pied duquel M. Trolé était attaché pendant son voyage à Paris : sa déposition est conforme à celle du témoin précédent.

4.ᵉ *témoin.* M. Louis Doutreleine, capitaine de grenadiers au 40.ᵉ de ligne.

M.ᵉ Detroyes. Le témoin n'a-t-il pas été présent à une confrontation qui a eu lieu à l'hôpital militaire, en présence de M. le capitaine rapporteur, entre le S.ʳ Charvais et un musicien du 40.e, et n'a-t-il pas entendu le Sr Charvais convenir du fait que lui imputait le musicien ?

Le témoin. A l'époque de cette confrontation j'étais malade à l'hôpital, mais je n'y ai pas assisté.

5.e *témoin.* M. Edouard D'ault, lieutenant au 40.e de ligne.

M. le Président fait au témoin la même question qui a été posée au témoin précédent.

Le témoin. J'ai assisté à cette confrontation, mais M. Charvais n'a rien dit.

6.e *témoin.* George Debelly, lieutenant au 40.e de ligne.

Même question qu'au témoin précédent.

Le témoin. J'ai été ce jour à l'hôpital, M. Charvais a gardé le silence.

7.e *témoin.* Victor Derise, capitaine au 40.e de ligne.

M. le Président réitère la même question.

Le témoin. Je me suis trouvé en effet à cette confrontation, mais je n'ai pas ouï que M. Charvais fût convenu du fait: il n'a dit ni oui, ni non.

L'accusé Valterre demande la parole et dit:

Les témoins qui viennent de paraître disent tous n'avoir pas entendu le Sr Charvais avouer son infamie. Je ne puis dire qu'il l'ait avouée, puisque je n'étais pas présent, mais je vais rapporter les propres paroles de M. le capitaine rapporteur. M. le capitaine rapporteur vint un soir à la prison et nous montra la déclaration de la victime du Sr Charvais. Il nous la confia sous parole d'honneur, en nous disant que le Sr Charvais avait d'abord nié, mais qu'enfin il n'avait pu soutenir la confrontation et qu'il avait été contraint de céder à la force de la vérité. Le lendemain matin il vint nous dégager de notre parole, d'abord en faveur de MM. nos défenseurs, et ensuite sans restriction aucune, nous disant que l'infamie du Sr Charvais était proclamée publiquement.

Il nous dit qu'il lui avait enjoint les arrêts, ne voulant pas se trouver dans la société d'un être aussi vil: ce dernier se disposait alors à suivre au café des officiers avec lesquels M. le capitaine rapporteur avait diné: il lui dit:

vous êtes un scélérat, un être infame et immoral que la société devrait chasser de son sein. Ces MM. fussent-ils même coupables, vous n'en êtes pas moins perdu, déshonoré, et il ne vous reste qu'à vous jeter à l'eau ou à vous brûler la cervelle. Il ajouta qu'il l'avait obligé à demander sa démission d'officier de la garde royale, ce qu'il avait fait en effet.

M. le Président. Accusé, vous êtes hors de la question.

L'accusé. M. le Président, je crois être parfaitement dans la question, lorsqu'il s'agit de prouver l'immoralité de notre dénonciateur, et il me semble que les paroles de M. le rapporteur équivalent à un aveu positif de la part du S.ʳ Charvais. Au reste je prie M. le rapporteur de me rectifier, si je n'ai pas rapporté exactement ce qu'il nous a dit.

M. le capitaine-rapporteur. Je l'ai dit en effet.

M. le Président au témoin. Il s'agit seulement de savoir si M. Charvais est ou n'est pas convenu du fait.

Le témoin. A cet égard ma conviction est établie; mais M. Charvais n'a pas dit oui.

On appèle le 8.ᵉ témoin à décharge.

M.ᵉ Fargès-Méricourt se lève et communique à voix basse une observation à M. le Président.

Le conseil se lève pour se retirer dans la chambre de délibération.

Pendant cette interruption on s'apperçoit que les dames qui étaient à la tribune, se lèvent spontanément et sortent de la salle d'audiences.

Le conseil reprend séance.

M. le Président. Comme la déposition du témoin appelé, pourrait donner lieu à quelques débats scandaleux, le conseil invite les dames et les enfans qui pourraient se trouver dans l'auditoire, à vouloir bien se retirer.

Cet ordre est exécuté.

Le témoin appelé est introduit; il dit s'appeler Charles-Emile Ga dit Gentil, être âgé de 17 ans, natif de Wissembourg, musicien gagiste au 40.ᵉ régiment de ligne.

Le silence le plus profond règne dans l'auditoire.

(76)

Le témoin. Ce que je vais dire, MM., n'est pas le tiers des atrocités de M. Charvais: pendant que le 40.e était en garnison à Wissembourg, M. Charvais qui était chef de musique, faisait aussi les fonctions d'adjudant de place; mon père qui était secrétaire de la place, avait fait sa connaissance. Comme il avait appris que j'étais musicien, il proposa à mon père de me prendre dans la musique du régiment, lui disant, qu'il aurait soin de moi, et que si le régiment partait, il me traiterait comme un père. Mon père me communiqua la proposition que lui avait faite M. Charvais, je l'acceptai, puisque mon père m'y engagea. Je fus donc chez M. Charvais qui prit mon engagement, et il me dit de venir le voir souvent; mon père me dit aussi que je devais profiter des bonnes intentions que M. Charvais me témoignait, et m'engagea à aller le voir.

Dans le commencement, je fus plusieurs fois chez M. Charvais qui me reçut très-bien et me fit des caresses; enfin un jour m'étant encore rendu chez lui, il ferma la porte, mit la clef dans sa poche, vint à moi, me prit à brasse corps et me fit mille caresses; d'après ce qu'il me dit, je vis bien, qu'il voulait profiter de mon inexpérience pour me conduire au plus noir des vices, et je me mis à pleurer; m'étant défendu et M. Charvais ayant entendu du bruit, il me laissa partir, en m'engageant à revenir et me disant qu'il me ferait beaucoup de bien.

Depuis ce tems j'évitai d'aller chez M. Charvais et celui-ci en fit des plaintes à mes parens qui me grondèrent et m'ordonnèrent d'y aller plus souvent, parce que je n'osai pas leur dire le motif qui m'engageait à n'y plus retourner; je n'y fus cependant plus. Un jour M. Charvais ayant commandé une répétition, je suis arrivé un instant trop tard; il m'accabla d'injures devant tous mes camarades, me prit par le collet et me conduisit à la salle de police. Alors j'écrivis à M. Charvais pour me plaindre de ses procédés; il vint me voir, leva mes arrêts et me dit, que si je ne venais pas chez lui, il me ferait chercher par le planton de service.

N'étant pas allé chez M. Charvais, il me fit donner ordre de venir chercher de la musique pour l'étudier; alors j'y fus. Etant arrivé dans sa chambre, je le trouvai couché sur son lit ; il en descendit aussitôt, ferma la porte, se jetta sur moi, et recommença ses caresses , je n'osai crier, craignant de faire du scandale ; M. Charvais étant très-fort, il consomma mon déshonneur.

Depuis je n'y allai plus ; mais huit à dix jours après, ma maladie s'étant déclarée, j'y retournai pour lui faire des reproches. Alors M. Charvais me recommanda de me taire, et m'assura que, si je disais quelque chose, il me brûlerait la cervelle; d'ailleurs cela ne pourrait me servir, parcequ'il était décidé à tout nier, et qu'on ne me croirait pas. Alors il me dit qu'il me ferait préparer des remèdes que je viendrais prendre chez lui. Je fus obligé d'accepter, ne voulant pas que mes parens fussent instruits de mon malheur ; mais j'avais tellement M. Charvais en horreur, que j'épiais toujours le moment où il sortait pour aller prendre mes remèdes.

Le témoin Chrvais. Il faut que cela soit débattu publiquement autre part, je l'ai déjà dit ; quant à présent je n'ai rien à dire.

9.e *Témoin.* Joseph Guidet, tambour au 40.e régiment.

Me *Liechtenberger.* Je prie M. le président de demander au témoin, s'il n'a pas eu de relations particulières avec le Sr Charvais, et ce qui s'est passé entre eux.

Le témoin. Je n'ai rien eu avec M. Charvais.

Me *Detroyes.* Le témoin n'a-t-il pas été au service du Sr Charvais ?

Le témoin. Non.

10.e *Témoin.* M.... Bartholet, lieutenant-colonel en retraite, dépose : Quelques jours après l'arrestation de ces messieurs, je fus, ici dans la maison d'un de mes amis, où je trouvai un capitaine du 40.e dont je ne sais pas le nom, mais que je reconnaîtrais, si je le voyais: on parlait de cette affaire; cet officier dit alors, que M. Charvais était fort mal vu à cause de sa conduite, et que tout le régiment était bien aise d'être débarrassé de lui.

(78)

Me *Detroyes.* Cet officier en parlant du Sr Charvais ne cita-t-il pas pour exemple de son immoralité, que devant de l'argent à un chapelier, il lui a dit, lorsque celui-ci lui redemanda son argent ; *taisez-vous, je vous ai entendu tenir des propos séditieux ; si vous me tourmentez encore, je vous dénoncerai ?*

Le témoin. L'officier tint effectivement ce propos; mais il ajouta que ce fait devait s'être passé avant que lui ne fût entré au 40.^e

La liste des témoins est épuisée.

M. le capitaine rapporteur a la parole :

Il commence par poser en fait que la société en France est en proie à des agitations, produit des prétendues lumières qu'une fausse philosophie a répandues. Ce malaise qui tourmente les peuples et les fait courir vers de dangereuses innovations, est le signe caractéristique du siècle ; on le remarque non seulement en France, mais dans une grande partie des états de l'Europe, il menace d'envahir le globe. Les sociétés secrètes sont le foyer permanent d'où les fauteurs de troubles et d'anarchie font sortir les attaques contre les gouvernemens : sortis des états de l'Italie, les Carbonari ont envahi la France ; armés du poignard, et couverts du masque de la liberté, ils méditent la destruction du trône legitime : partout ils agissent guidés par les memes principes ; à Saumur, à Belfort, à la Rochelle, ils ont manifesté leur existence, mus par la même impulsion, et marchant vers le même but. Passant ensuite de ces considérations générales à l'accusation qu'il doit soutenir, M. le capitaine rapporteur soutient que la culpabilité des prévenus est complètement démontrée : point de doute qu'ils n'appartiennent à cette secte qu'il vient de dépeindre : les rapports de M. Charvais portent l'empreinte de la franchise la plus entière, sa déposition contre les accusés est accablante, ils ne pourront pas l'énerver. Après avoir rappelé les principaux traits des rapports du Sr Charvais, M. le rapporteur continue, et declare qu'il prevoit plusieures objections : il pense d'abord qu'on fera au Sr Charvais le re-

(79)

proche d'être un agent provocateur; il résulte cependant, dit-il, de ses rapports, que loin d'avoir provoqué M. Trolé à lui faire des confidences, il a été provoqué par les discours de celui-ci, et qu'il s'est constamment tenu sur la défensive. La seconde objection est celle-ci; on ne manquera pas, dit M. le rapporteur, de faire remarquer que la déposition de M. Charvais est isolée, et l'on s'appuiera sur cet adage du droit : *testis unus, testis nullus;* mais ce principe ne peut s'appliquer ici, et parce que les conseils de guerre ne sont pas assujettis à compter le nombre des témoins que l'accusation leur fournit, puisqu'ils réunissent et le pouvoir de juges et celui de jurés, et n'ont pour former leur conviction à consulter que leur conscience, et parce qu'il est inexact de prétendre que la déposition de M. Charvais soit isolée, car elle est, dit-il, corroborée par des témoins muets.

Ces témoins muets sont, dit M. le rapporteur, les aveux faits par deux des accusés, aveux qui confirment la dénonciation et ne laissent plus de doute sur sa véracité.

Après avoir développé son opinion à l'égard de ces aveux, et avoir fait ressortir les charges qui résultent de là contre les accusés qui les ont faits, et contre l'accusé Peugnet que ces mêmes aveux accusent, M. le rapporteur développe encore les charges qui résultent contre ce dernier accusé des lettres qu'il a adressées au Roi et à M. le colonel Boyer.

M. le rapporteur termine en disant : je conclus à l'application de l'article 90 du code pénal ordinaire.

Il est trois heures et demie; la séance est levée, et remise au lendemain onze heures du matin, pour entendre les défenseurs.

Un instant avant la levée de l'audience, M.ᵉ Detroyes, défenseur de M. Trolé, met sous les yeux du conseil la lettre adressée à son client par M. le général Coutard, dont M. Trolé a parlé dans son interrogatoire.

Cette lettre écrite en entier de la main du général et signée de lui est examinée attentivement par MM. les juges. Elle est ainsi conçue :

(80)

Paris, le 10 *Avril* 1822.

Je fus hier, comme je vous l'avais annoncé, porter votre déclaration à S. Exc. le ministre de la guerre ; je suis autorisé à vous promettre que vous pourrez partir et que vous serez *employé* dans l'une des colonies que vous désignerez, si vous répondez franchement et loyalement aux nouvelles questions qui vous seront présentées de ma part par M. le capitaine Lamire-mori.

Peugnet est arrivé, il désire beaucoup vous voir, il ne tiendra qu'à vous de voyager avec lui.

Le lieutenant-général
Comte Coutard.

Séance du 24 Juillet.

La manière noble, énergique et pleine de décence avec laquelle les accusés ont répondu hier aux questions qui leur étaient adressées, a vivement excité l'intérêt général : la foule est immense ; tous les postes sont doublés ; un détachement de troupes se trouve dans la cour du palais de Justice, un bataillon ayant les armes en faisceaux, stationne dans la rue de la nuée bleue, et sur la place S.ᵗ Pierre le jeune : les membres du conseil, les défenseurs et les témoins éprouvent des difficultés à pénétrer, tant la foule est serrée devant le grand portail du palais : la salle d'audience est encombrée de spectateurs,

A onze heures le conseil prend séance.

Les accusés sont introduits et occupent les mêmes places qu'hier.

*) M.ᵉ Fargès-Méricourt, avocat de M. Valterre a la parole.

---

*) Les plaidoieries ayant été entièrement improvisées, et les sténographes employés par l'autorité militaire, n'ayant pas obtenu la permission de communiquer leurs manuscrits, les discours de MM. les avocats ne sont imprimés ici que d'après les notes recueillies par diverses personnes répandues dans l'auditoire. (*Note de l'éditeur.*)

Dans le 15 et le 16.ᵉ siècle, âge d'or, tems regrettable, ainsi que chacun sait, il suffisait d'un infame délateur pour conduire au bûcher l'homme le plus vertueux. Une accusation de magie, assaisonnée de détails de sabat... une danse sur une haute montagne, à l'entour d'un grand feu, auprès duquel se trouvait le diable en personne, assis dans un fauteuil d'or, et donnant grâcieusement son pied fourchu à baiser à celui que l'on dénonçait; ce beau roman suffisait pour le faire condamner au feu. Le délateur n'était pas même connu; il recevait le prix de sa délation; il était gorgé d'une partie de l'or que l'on arrachait à sa victime. — Cet heureux tems n'est plus, et par suite des longues manœuvres de ces dangereux philosophes, que l'on maudit avec tant de raison, il s'engage maintenant un combat judiciaire entre le délateur et celui qu'il a dénoncé; ils sont mis en présence l'un de l'autre, devant un public nombreux, qui apprécie les dires et les faits de l'un et de l'autre; ils sont enfin, comme au cas particulier, jugés par un tribunal, composé d'hommes honorables et présidé par l'honneur lui-même.

On ne croit plus à la magie; mais, Messieurs, l'importance que l'on a attachée jadis aux dénonciations de cette espèce, on en reporte maintenant une partie sur celles relatives aux sociétés secrètes, aux carbonari...

Et cependant, Messieurs, que sont les *Carbonari?* Que sont les *Tugendfreunde?* Que sont les *Décamisados?* Ils ne sont autre chose que des bandes organisées d'abord dans l'intérêt du pouvoir, et par le pouvoir lui-même! Consultez l'histoire récente. Vous trouverez que la Reine Caroline a organisé les carbonari pour les opposer à notre influence en Italie; que les Tugendfreunde ont été formés par le Roi de Prusse, que les Décamisados sont sortis des Guérillas, qui ont replacé le roi d'Espagne sur son trône.

Il leur avait été fait des promesses importantes, en raison de l'influence qu'ils devaient exercer, et qu'ils ont réellement exercée dans l'intérêt de leurs souverains, et pour l'indépendance politique de leurs nations; mais, Messieurs, ces promesses n'ont pas été réalisées, les peuples ont murmuré, et dès lors ils ont paru dangereux.

Ainsi que je l'ai dit, dans l'origine, les sociétés secrètes ont été formées par le pouvoir lui-même ; on les représente maintenant comme le foyer d'un vaste complot contre les souverains ; mais, Messieurs, comment dans l'affaire qui vous occupe, en est-on venu sans aucune espèce de transition, d'un prétendu plan général qui embrasse l'Europe et les autres parties du monde, si on croit M. le rapporteur ; comment en est-on venu d'un plan aussi général à trois accusés qui, par leur position dans le monde, ne pouvaient y exercer aucune influence ? Comment sans aucune espèce de transition, après quelques phrases déclamatoires et saturées d'expressions réquisitoriales, comment, dis-je, a-t-on cherché à rattacher l'affaire particulière de MM. Valterre, Trolé et Peugnet à toutes les conspirations qui agitent la France, l'Allemagne et l'Italie ?

N'est-il pas absurde, par exemple, de dire que M. Valterre se soit rendu coupable d'attentat contre le gouvernement, qu'il ait formé dans son corps une association pour détruire le gouvernement ? Une association dans son corps, et ce corps ne se compose en fait d'officiers, que d'un capitaine commandant et de M. Valterre, lieutenant !.

Ne serait-il pas aussi absurde de croire à une accusation appuyée sur la dénonciation d'un seul individu, dont on a été à même d'apprécier la moralité, et sur une déclaration arrachée à l'accusé par la torture morale ?

Le dénonciateur représente M. Trolé, comme familiarisé de longue main avec les conspirations ; vous concevrez dès lors, Messieurs, qu'il est impossible d'admettre que M. Trolé ait fait de prime abord au sieur Charvais des propositions, sans le connaître autrement que pour avoir mangé à la même pension ; qu'il ait été, à la première conversation, lui confier qu'un officier général devait venir à Strasbourg, se saisir du pouvoir et opérer à main armée une révolution dans une ville pourvue d'une forte garnison ? Comment est-il possible d'admettre que M. Trolé, officier distingué, ait pu dire qu'avec deux pièces d'artillerie, on pouvait se rendre maître d'une caserne qui a 5 issues, et qui est occupée par 1,800 soldats français, armés de toutes pièces ?

(83)

Quelle absurdité dans tous les détails! Comment ne pas croire plutôt que M. Trolé, qui ne cachait pas son opinion de libéralisme, se sera seulement expliqué avec franchise et sans retenue contre la marche du gouvernement, qu'il trouve en opposition avec la charte que nous devons au génie et à la sagesse du Roi, et que le sieur Charvais aura brodé le canevas très-simple en lui-même?

Quelle absurdité que de croire que M. Trolé ait été au-devant du sieur Charvais, et que ce ne soit pas plutôt ce dernier qui ait été au devant de M. Trolé, jeune et aimable; entraîné peut-être par un goût connu...

(Première interruption).

M. Charvais... C'est un fait personnel; on m'a accusé d'un goût; la comédie qu'on a jouée hier de ma prétendue immoralité... (Au défenseur) vous dites un goût connu... (Le défenseur) j'aurais dû dire, un goût prouvé...

(Deuxième interruption).

(M. le président impose silence à M. Charvais et le défenseur continue).

J'ai donc prouvé, Messieurs, qu'il est physiquement impossible que M. Trolé eût fait de pareilles confidences au sieur Charvais; que M. Trolé avait peut être parlé librement de choses dont on peut parler dans un gouvernement représentatif; mais qu'il était impossible qu'avant la prétendue initiation du dénonciateur, il lui parlât de complot.

Quant au sieur Charvais, j'ai été obligé de vous le représenter hier comme dénonciateur : je ne l'ai fait que parce que la loi m'y autorisait. L'article 323 du code d'instruction criminelle veut que la qualité de dénonciateur soit portée à la connaissance des juges. C'était donc en vertu du pouvoir que me donnent mes fonctions que je l'ai fait, et que j'ai rappelé au conseil, que le sieur Charvais était dénonciateur. Le sieur Charvais s'est récrié contre cette qualification légale, et cependant il a écrit, il a dit devant vous qu'il se faisait honneur d'être délateur...! —

Étrange aveuglement! étrange ignorance de la valeur des mots! Consultons, Messieurs, le dictionnaire de l'aca-

6 *

démie. (Ici le défenseur ouvre le dictionnaire de l'académie et lit:

» *Délateur*. Subst. masc. : *Accusateur, dénonciateur.* Les dé-
» lateurs furent forts communs sous le règne de Tibère :
» Les délateurs sont odieux. «

» *Dénonciateur*. Subst. masc. : Celui qui défère quelqu'un ,
» quelque chose en justice; se rendre dénonciateur, etc. «

Avertir un tribunal que tel témoin est le dénonciateur, c'est user d'un moyen légal, ce n'est donc pas lui faire une offense, puisque la loi permet de dénoncer, et qu'elle en fait quelquefois une obligation. *)

(Troisième interruption.)

Ici M. Charvais se lève et dit : Je demande la parole. Il ne l'obtient pas et le défenseur continue.

L'article 119 du code d'instruction criminelle permet de dire sur le témoignage et sur le témoin lui-même tout ce qui parait être utile à la défense de l'accusé; sans cela, Messieurs, que voudriez-vous que fit un accusé, quand un seul accusateur vient le mettre sous le glaive de la loi? Ne fallait-il pas qu'elle laissât au malheureux, à la victime d'une délation, la possibilité de prouver que son témoin ayant été immoral une fois, a pu l'être une autre fois dans sa dénonciation contre lui...?

Quant à l'immoralité du sieur Charvais, je le dis à regret, je suis contraint à la rappeler et à y insister, dans l'intérêt de la défense.

Il a osé parler d'une comédie jouée hier devant vous: C'était au contraire un drame, et très-larmoyant encore.

Sa victime lui a reproché devant vous le crime qu'il a commis sur elle. Vous avez entendu ce malheureux jeune homme, Messieurs; il vous a fait la peinture des violences morales et physiques employées contre lui par le sieur Charvais... il vous a avoué en rougissant, qu'il avait été violé par le dénonciateur de MM. Valteire, Trolé et Peugnet. Le malheureux jeune homme, il se trouve depuis lors, et par le fait du sieur Charvais, attaqué d'une maladie infame... et le sieur Charvais appèle cela une comédie !

---

*) Voyez les articles 30 et 31 du code d'instruction criminelle.

Par suite d'une déclaration antérieure, faite à M. le capitaine rapporteur en présence de trois officiers d'honneur, qui en ont déposé devant vous, il est patent, et il a été avoué par le sieur Charvais, qu'il s'était vu dans l'indispensable nécessité de donner sa démission d'officier de la garde royale. Il est vrai que le sieur Charvais a ajouté que S. Exc. le ministre de la guerre avait daigné ne pas accepter cette démission ; mais tout porte à croire que S. Exc. daignera maintenant l'accepter, lorsqu'elle lui sera sans doute demandée par le ministère public !

Le sieur Charvais a tiré des avantages de cette dénonciation : il était obéré ; il se trouve maintenant dans l'aisance. Il avait des dettes en quittant Wissembourg ; il s'agissait de sommes très-faibles, de 9 et de 30 francs qu'il s'était engagé de payer à Strasbourg à la décharge de son créancier de Wissembourg. Il n'en a rien fait pendant qu'il était au 40.ᵉ régiment, par la seule raison sans doute qu'il était géné: Je ne lui reproche nullement cet état de gêne ; mais je dis qu'il voyage maintenant en poste, qu'il dépense largement, et je veux prouver par là qu'il a tiré avantage de sa délation.

Vous avez entendu, Messieurs, la lecture des rapports faits par le sieur Charvais : vous avez vu qu'indépendamment de ce qu'il a cherché à jeter du louche sur des corps de l'armée extrêmement respectables, il n'a pas craint de dire qu'il y avait près de 300 citoyens de Strasbourg qui étaient prêts à seconder tous les mouvemens qui seraient faits...

Il résulte de cette infamie contre la ville de Strasbourg, que nombre d'habitans de cette ville sont signalés comme fauteurs de la révolte...

La révolte à Strasbourg ! la haine contre le militaire !... Cette ville hospitalière et sage, où le soldat est accueilli comme un frère !... N'est-ce pas exécrable! n'est-ce pas par suite de cet infame rapport, que notre Citadelle est fermée ; que les sentinelles ont les armes chargées...? Jamais à Strasbourg, dans les tems les plus orageux, on ne versa le sang d'un soldat: le Strasbourgeois, dans les tems les plus difficiles, dans les tems de besoin, dans les tems de désastres, a partagé son pain et son aisance avec le soldat...

(Quatrième interruption).

M. le président rappèle le défenseur à la question.

Le défenseur. Je me crois comme Alsacien, obligé de répondre à une attaque contre les Alsaciens. Au surplus qu'ils soient bien tranquilles; les militaires, qu'ils se familiarisent, si on le veut, avec les évolutions à tiroir...

(Cinquième interruption).

Nouveau rappel à la question par M. le président lequel ajoute que si le défenseur persiste à parler des habitans de Strasbourg, il lui retirera la parole. *Le procureur du Roi dit*: Je crois qu'il est dans la question de parler des bourgeois de Strasbourg : M. le général Coutard dit positivement que plus de 250 bourgeois de Strasbourg, faisaient partie de la conjuration...

(Sixième interruption).

M. le président rappèle de nouveau à la question et dit: Telle est mon opinion et c'est celle qui doit prévaloir.

Le défenseur reprend : Les Strasbourgeois sauront du moins que j'ai voulu les défendre, les venger d'une imputation odieuse... Je suis constamment interrompu... Je suis obligé de mutiler ma défense, je me résigne dans l'intérêt de la cause, et j'en viens de suite aux aveux que M. Valterre a faits...

M. Valterre, officier d'honneur, aimant l'étude sortant très-rarement de chez lui, et ne s'occupant que de son état, voit tout à coup son domicile envahi par la gendarmerie. Il est jeté dans une prison et mis au secret. — Quelques jours après, il est jeté dans une voiture, les fers aux pieds, placé entre deux gendarmes, traité comme un vil criminel, comme un scélérat (son dénonciateur l'avait qualifié ainsi); il arrive à Paris, préoccupé de la position nouvelle où il se trouve, abimé de fatigues physiques et morales, portant encore la marque de ses fers...

I arrive chez M. le général Coutard à 4 heures du matin. L'interrogatoire qu'il a subi, et que l'on vous présente comme fait en un quart-d'heure, a duré 8 à 9 heures; et a été interrompu et repris à différentes fois. M. le général Coutard, après avoir rempli la formalité légale de demande de nom, prénom etc., suspend l'interrogatoire, laisse le sieur Valterre livré à lui-même, lui parle ensuite de son père. Il lui dit : vous n'avez aucun espoir de vous sauver. Vous subirez toute la rigueur de la loi. Je veux vous sauver, moi, en vous portant à des aveux. Vous êtes compromis par ceux de vos coaccusés. Je veux vous sauver, vous dis-je, vous n'êtes pas devant un procureur du roi, vous êtes devant l'ami, devant le compagnon d'armes de votre père. — Je vous promets de vous réunir à vos amis. — Vous irez au Sénégal, vous conserverez votre emploi; vous aurez de l'argent pour votre passage...

Cette scène a duré plusieurs heures. M. le général Coutard lui a montré une prétendue déclaration de M. Trolé, dont il ne lui a pas fait connaître d'abord le contenu. Il lui a dit, que le frère de M. Peugnet s'était constitué prisonnier à Colmar, à condition que son frère aurait sa liberté, ce qui lui avait été accordé.

Croyant que ses deux amis étaient réunis, l'offre de partager leur sort lui étant faite, il a désiré se joindre à eux; aucun sacrifice ne lui a coûté; il a avoué ce qu'on voulait qu'il avouât. Mais, Messieurs, serait-ce de cet aveu, de cette pièce arrachée que vous voudriez faire usage contre mon jeune et malheureux client? Rappelez vous sa position... Je l'ai dit, je le répète, le général s'est annoncé à lui comme l'ami intime de son père et cependant il l'entraînait à sa perte...

Il est cruel de le dire, mais voyez, Messieurs, l'influence que la politique exerce dans les causes judiciaires où il est question d'elle. Voyez, Messieurs, si M. le général Coutard n'a pas agi comme un inquisiteur..!

Nous trouvons dans *la morale appliquée à la politique* un fait qui se rattache à celui-ci, quelque différence qu'il y ait entre les personnes. Voici ce fait qui a rapport à la révolution Napolitaine de 1799.

» *Spéziale* *) auquel était particulièrement remise la pour-
» suite des personnes qu'on voulait perdre, n'épargnait ni
» les menaces, ni les suggestions, ni les artifices, pour ser-
» vir la vengeance de la cour. *Nicolas Fiani*, son vieil ami,
» était voué à la mort ; mais il n'y avait à lui opposer ni
» témoins, ni aveux. Spéziale se rappèle leur ancienne ami-
» tié, il fait sortir le malheureux Fiani du cachot où il lan-
» guissait dans les fers, et le fait conduire, non dans le lieu
» des séances de la junte, mais dans sa propre demeure.
» En le voyant il verse des larmes, il l'embrasse. *Pauvre*
» *ami, à quel état te vois-je réduit !... Je veux te sauver.*
» *Tu ne parles pas à présent à ton juge, tu es avec ton a-*
» *mi ; mais pour te sauver il est nécessaire que tu me dises*
» *de quoi tu te reconnais coupable. Voilà quelles sont les ac-*
» *cusations portées contre toi. Devant la junte tu as fait sa-*
» *gement de nier, mais ce que tu me diras, la junte ne le*
» *saura pas.* Les malheureux sont confians ; Fiani cher-
» che dans ses souvenirs, il se croit des torts, il les confesse.
» *Ecris*, lui dit Spéziale, *car c'est un dépôt que je dois ver-*
» *ser dans un autre sein ; je craindrais que ma mémoire ne*
» *fût pas assez fidèle.* Fiani écrit ; il est renvoyé à sa prison,
» et deux jours après sa sentence de mort est portée. «

Un fait que l'on a voulu rendre grave et sur lequel on a
cherché à appuyer l'accusation, c'est que dans une lettre
subséquente à sa déclaration, M. Valterre dit, qu'il avait
trahi les sermens qu'il avait prêtés à ses drapeaux. Mais,
Messieurs, comment voir autre chose dans cet écrit que la
suite nécessaire de la première déclaration ?

Il lui avait été fait des promesses, elles ne se réalisaient
pas. On lui disait qu'il fallait des aveux plus détaillés, qu'il
fallait ajouter à sa première déclaration. Pouvait-il faire autre
chose que de confirmer ses premiers aveux, que d'y ajouter
les propres détails que M. le général Coutard lui avait lui-
même donnés sur la prétendue association ?

.*) Envoyé exprès de la Sicile pour faire partie de la junte, (tribunal d'Inquisition d'Etat) établie à Naples après la révolution napolitaine de 1799.

(89)

Mais bientôt M. Valterre, rendu à lui-même, conçoit des doutes, surtout relativement aux prétendus dires de M. Peugnet... Sa tête se monte. — Il se dit: Aurais-je pu trahir mon ami...? Est-ce un piège que m'a tendu le général...? J'aurais été assez faible pour compromettre Peugnet...! il n'avait pas fait de déclaration, je le vois maintenant...!

Alors il écrit au général qu'il a été trompé... qu'aucun de ses aveux n'est réel, n'est fondé sur la vérité...

Et c'est de l'emploi de tels moyens que l'on voudrait profiter? Non, Messieurs, l'honneur vous interdit de le faire.

On a encore cherché à faire un crime aux trois accusés et en particulier à celui que je défends, d'une lettre écrite à M. Zéa, ministre de Colombie, dans laquelle il est dit que le ministère de France, à part leur opinion qui n'est pas conforme à celle du gouvernement, ne peut donner sur eux que de bons témoignages.

Mais, Messieurs, ce serait bien mal connaître le système du gouvernement représentatif que de croire qu'être opposé à la marche du gouvernement, c'est pour cela être opposé au Roi.

De quoi se compose le gouvernement représentatif? Il se compose d'abord du Roi, chef suprême, inviolable, environné du respect et de l'amour des Français : il se compose ensuite des deux chambres législatives : il se compose enfin du gouvernement agissant et responsable qui est le ministère. Or, Messieurs, Qu'est-ce que le ministère...? Formé aujourd'hui par un parti, il peut être demain formé par un autre et si aujourd'hui le ministère était changé et composé de libéraux, leurs adversaires en feraient tout autant qu'eux pour démontrer les fautes du nouveau ministère, sans pour cela rester moins fidèles au Roi.

Au surplus, Messieurs, je le répète, être en opposition avec la marche du gouvernement, ce n'est pas être en opposition avec le Roi. Cette opinion a été développée par M. le Vicomte de Chateaubriand, dans son ouvrage intitulé: *de la monarchie selon la charte.*

Je vais, Messieurs, avoir l'honneur de vous en rapporter

quelques passages qui viennent à l'appui du système que j'ai invoqué :

De la Monarchie selon la Charte, par M. le Vicomte de Chateaubriand, Pair de France.

CHAPITRE IV.

De la prérogative royale. Principe fondamental.

» La doctrine sur la prérogative royale constitutionnelle est » que rien ne procède directement du Roi dans les actes du » gouvernement, que tout est l'œuvre du ministère, même la » chose qui se fait au nom du Roi et avec sa signature; projets » de loi, ordonnances, choix des hommes. «

» Le Roi dans la monarchie représentative est une divinité » que rien ne peut atteindre, inviolable et sacrée, elle est encore » infaillible ; car s'il y a erreur ; cette erreur est du ministre, et » non du Roi. Ainsi on peut tout critiquer sans blesser la Ma- » jesté royale, car tout découle d'un ministère responsable. «

CHAPITRE V.

Application du principe.

» Quand donc les ministres alarment des sujets fidèles, quand » ils emploient le nom du Roi pour faire passer de fausses » mesures, c'est qu'ils abusent de notre ignorance, ou qu'ils » ignorent eux-mêmes la nature du gouvernement représen- » tatif. Le plus franc royaliste dans les chambres, peut, sans » témérité, écarter le bouclier sacré qu'on lui oppose, et aller » droit au ministre ; il ne s'agit que de ce dernier et jamais » du Roi «

» Et tout cela est fondé en raison. «

» Car le Roi étant environné de ministres responsables, tan- » dis qu'il s'élève au-dessus de toute responsabilité, il est évident » qu'il doit les laisser agir d'après eux-mêmes, puisqu'on s'en » prendra à eux seuls de l'événement. S'ils n'étaient que les » exécuteurs de la volonté royale, il y aurait injustice à les » poursuivre pour des desseins qui ne seraient pas les leurs. «

» Que fait donc le Roi dans son conseil ? Il juge, mais il » ne force point le ministre. Si le ministre obtempère à l'avis » du Roi, il est sûr de faire une chose excellente, et qui aura » l'assentiment général; s'il s'en écarte, et que, pour mainte-

» nir sa propre opinion, il argumente de sa responsabilité, le
» Roi n'insiste plus : le ministre agit, fait une faute, tombe;
» et le Roi change son ministère. «

» Et quand bien même le Roi dans le conseil, eût adopté
» l'avis du ministère, si cet avis entraîne une fausse mesure,
» le Roi n'est encore pour rien dans tout cela: Ce sont les
» ministres qui ont surpris sa sagesse, en lui présentant les
» choses sous un faux jour; en le trompant, par corruption,
» passion, incapacité. Encore un coup, rien n'est l'ouvrage du
» Roi que la loi sanctionnée, le bonheur du peuple, et la
» prospérité de la patrie. «

D'après cette autorité, que vous ne récuserez pas, vous
voyez, Messieurs, que l'on peut attaquer le ministère, que
l'on peut critiquer le gouvernement, sans cesser d'être un
fidèle et loyal sujet.

Pour terminer, Messieurs, j'aurai l'honneur de vous dire
que M. Valterre, quoique très-jeune, a déjà rendu des services à son pays: qu'il est officier d'honneur...

Il va être jugé par des hommes d'honneur, par des militaires qui doivent leurs grades à des campagnes glorieuses,
et qui frémiraient d'horreur si on leur parlait de campagnes
à la Jefferies.., de jugemens commandés!!!

Je suis donc certain, Messieurs, que vous vous empres-
serez de rendre mon client à la liberté qu'il chérit, dont il
est digne et dont il a été privé trop longtems.

M.ᵉ Detroyes, défenseur de M. Trolé, se lève et dit:

Messieurs.

Si comme avocats nous sommes obligés de regretter,
qu'une affaire, de la nature de celle qui nous occupe, ait
été portée à votre connaissance, nous en sommes ravis dans
l'intérêt de nos cliens. Pouvaient-ils désirer un tribunal plus
auguste! Défendre son honneur et sa liberté devant des magistrats militaires; c'est les défendre devant l'honneur même.

Cependant, interprètes des lois, nous ne devons pas laisser échapper cette circonstance de protester contre un enva-
hissement monstrueux du pouvoir sur notre droit public.

D'après la loi organique des conseils de guerre, ces conseils n'étaient institués que pour juger les délits militaires ; en effet l'article premier de la loi du 22 Septembre 1790 et le même article de celle du 19 Octobre 1791 , qui règlent la matière, sont ainsi conçus.

Loi du 22 Septembre 1790, article premier: aucun homme de guerre ne pourra être condamné à une peine afflictive ou infamante que par jugement d'un tribunal civil ou militaire suivant la nature du délit dont il se sera rendu coupable.

Article 2. Les délits civils sont ceux commis en contravention aux lois générales du royaume, qui obligent indistinctement tous les habitans de l'empire. Ces délits sont du ressort de la justice ordinaire, quand même ils auraient été commis par un officier ou par un soldat.

Loi du 19 Octobre 1791, article premier. Les délits militaires consistent dans la violation, définie par la loi, du devoir militaire ; et la loi détermine les peines qui doivent y être appliquées.

Article 2. Aucun fait ne peut être imputé à délit militaire, s'il n'est déclaré tel par la loi.

Article 3. Nul n'est exempt de la loi commune et de la jurisdiction des tribunaux, sous prétexte de service militaire ; et tout délit qui n'attaque pas immédiatement le devoir, ou la discipline, ou la subordination militaire, est un délit commun, dont la connaissance appartient aux juges ordinaires, et pour raison duquel le prévenu soldat, sous-officier ou officier ne peut être traduit que devant eux. Il a fallu pour détruire une loi aussi formelle , qu'un pouvoir absolu qui tendait à tout envahir, surtout notre droit public, aidé d'un Sénat qui eût dû être la barrière la plus impénétrable contre ces mêmes envahissemens, mais qui n'était composé, pour ainsi dire, que de flatteurs et de gens avides du pouvoir, vînt, en mettant de côté toute pudeur, sapper dans ses fondemens cette loi fondamentale.

Si ce n'était par respect pour la volonté de nos cliens, qui n'ont pas voulu que nous proposions aucune exception, il nous eût été facile de démontrer qu'un décret, ou un Sénatus-consulte ne pouvait avoir la force de renverser une loi aussi formelle, une loi aussi sacrée. Nous aurions été plus loin, Messieurs, nous aurions démontré, que les conseils de guerre n'ont plus aucune existence légale.

Nous en sommes convaincus, Messieurs, nos cliens n'auront point à regretter de nous avoir imposé silence sur ce point, et ils n'auront point à se plaindre du changement apporté à leur sort par suite de l'inconcevable législation dont on a encore fait usage pour les amener devant vous; ils retrouveront dans vous, Messieurs, toute l'indépendance et toute la fermeté des jurés qui auraient seuls dû prononcer sur leur sort.

Je dis la fermeté, Messieurs, parce que c'est en vain que le magistrat se flatte d'aimer la justice et la vertu, s'il n'a la fermeté de proclamer la vérité qu'il connaît; sans la fermeté, l'homme de bien ne pourrait même se fier à son propre cœur, parce qu'il ne connaîtrait pas la mesure de ses forces.

Devant vous, Messieurs, nous n'avons rien à craindre de ce côté, mille fois vous avez essayé vos forces et vous avez fait preuve de fermeté, en prodiguant votre sang et en sacrifiant votre vie pour la patrie. Mais ce n'est pas seulement dans les combats que la fermeté fait les héros, elle les fait aussi dans les tribunaux, parce que le magistrat doit avoir la fermeté de proclamer la justice, sans examiner la suite que peut avoir pour lui le jugement qu'il va rendre; c'est surtout, Messieurs, dans les tems de troubles et de divisions que la fermeté du magistrat doit se montrer et rester immobile comme un rocher au milieu des tempêtes.

Mais si vous avez la volonté et la fermeté de proclamer la vérité, gardez-vous de vous laisser surprendre par la prévention. Par quelle fatalité un esprit juste et qui cherche de bonne foi la vérité, rencontre-t-il souvent le mensonge; la vérité seule lui plait, elle est pour ainsi dire son essence, et souvent il se laisse séduire par le mensonge. Mille fausses images répandues adroitement sur les objets, obscurcissent ou défigurent la vérité; mille faux rapports adroitement semés dans la société, et que nous entendons répéter partout, même jusque dans notre intérieur, font naître en nous mille mouvemens secrets qui nous échappent à nous-mêmes, nous surprennent et nous trahissent, et souvent nous croyons voir ce qui est et nous voyons ce qui n'est pas, parce que nous ne jugeons pas par nous-mêmes, mais par les impressions que nous avons reçues du dehors.

Bien persuadé, Messieurs, que vous ne vous arrêterez pas à tous les propos que l'on fait circuler depuis si longtems dans le public sur cette affaire, à aucune insinuation de quelque part qu'elle vous soit venue, mais que vous vous attacherez aux faits résultant des débats qui viennent d'avoir lieu devant vous, bien convaincu en même tems qu'aucune considération ne pourra vous arrêter pour proclamer l'inno-cence de nos cliens, si nous parvenons à vous démontrer, ainsi que cela nous sera facile, que l'accusation portée contre eux n'est que le résultat d'une calomnie abominable, produit de la bassesse et de l'ambition démesurée du dénon-ciateur; confians dans votre loyauté et dans votre fermeté, Messieurs, nous allons avec confiance aborder les faits.

Non seulement, Messieurs, nous nous sommes imposé l'obligation, de vous établir, que l'accusation n'est pas prou-vée en droit, parce qu'il n'y a contre nos cliens que la seule déclaration du dénonciateur, mais nous prouverons que cette dénonciation même présente tous les caractères de la plus abominable calomnie, par l'invraisemblance même des faits que le dénonciateur rapporte, leur incohé-rence entre eux, et la preuve de la fausseté de plusieurs des faits les plus graves qu'il allègue, ainsi que M. le général Coutard.

Il est inutile sans doute, Messieurs, que je vous rappéle les faits qui ont précédé la déclaration du sieur Charvais, il est inutile que je vous rende attentifs sur la déclaration de ce dernier, qui avoue n'avoir jamais connu M. Trolé avant les prétendues confidences que celui-ci doit lui avoir faites: ces faits sont trop saillants pour qu'ils ne soient pas restés gravés dans vos esprits.

M. le capitaine rapporteur, hier dans son exposé des faits, a dit, qu'il prévoyait que nous lui opposerions cet adage de droit *testis unus, testis nullus.* Vous le voyez donc, Messieurs, le ministère public lui-même reconnaît qu'il n'y a qu'un seul témoin dans cette affaire; et ce témoin, c'est le denonciateur, c'est le sieur Charvais! Mais, ajoute M. le capitaine rapporteur, à la déclaration du sieur Charvais, viennent se joindre *des témoins muets* qui lui donnent de la force : ces témoins muets, ce sont les aveux faits par Mes‑ sieurs Valterre et Trolé.

M. le capitaine rapporteur, Messieurs, a eu raison de qualifier de témoins muets les prétendues déclarations faites par les accusés devant M. le général Coutard; car nous al‑ lons démontrer que ces prétendus aveux, ayant été arrachés par des moyens reprouvés par l'honneur, et les accusés les ayant retractés, ils ne peuvent servir d'élément de con‑ viction pour tout homme qui se respecte.

En effet, Messieurs, voyons comment les aveux dont on voudrait se prévaloir aujourd'hui ont été arrachés à celui pour lequel je parle, dans quel sens, dans quelle circon‑ stance il les a faits; tout ce que nous allons dire, est prouvé par les pièces mêmes de la procédure, et par les réponses faites par M. le général Coutard aux questions qui lui ont été adressées.

M. Trolé est parti de Strasbourg, le 6 Avril par la malle‑ poste, enchaîné au pied d'un gendarme qui ne le quittait pas plus que son ombre. Arrivé à Paris à quatre heures du ma‑ tin, il fut conduit directement à l'hôtel de M. le général Coutard, qui le tint jusqu'a cinq heures du soir, lui fai‑ sant subir de distance en distance des interrogatoires, cher‑ chant à l'ébranler par les tableaux les plus effrayans sur sa situation, lui montrant son vieux père, employé du gou‑ vernement sans place et par conséquent sans pain, en butte à la misère, descendant au tombeau couvert de l'infamie de son fils qui ne peut échapper à la mort et au déshonneur; ce tableau émut le bon fils, mais M. Trolé était innocent, il ne put rien avouer, et fut conduit en prison, au secret, dans une chambre où il pouvait à peine se remuer.

Ces tableaux effrayans n'ayant pu ébranler l'ame ferme de M. Trolé, on eut recours à d'autres moyens. M. le général Coutard, qui par les mêmes moyens, et d'autres dont vous avez connaissance, avait su arracher une déclaration au sieur Valterre, fait revenir M. Trolé chez lui, et lui dit : *votre ami Valterre a été plus franc que vous ; il m'a tout avoué, Peugnet s'est aussi déclaré ; c'est lui qui vous a reçu carbonari ainsi que Valterre. Le frère de Peugnet s'est constitué prisonnier à Colmar, mais avant de se constituer prisonnier, il a dicté ses conditions au gouvernement qui les a acceptées ; et Peugnet a sa liberté, il partira avec Valterre pour le Sénégal, il ne tiendra qu'à vous de les accompagner.*

M. Trolé ne pouvait concevoir ces aveux, mais il croyait à la loyauté de M. le général Coutard, celui-ci lui montrait des pièces qu'à la vérité, il ne lui laissait pas lire, il fut ébranlé ; mais il n'était pas Carbonari, il ne connaissait rien de cette prétendue association ; quel aveu pouvait-il faire ?

M. le général, voyant l'état dans lequel se trouvait ce jeune homme, profitant du moment d'émotion qu'il remarquait en lui, vint à son aide, et lui dit : *Mais croyez-vous que j'ai besoin de vos aveux pour connaître l'association ? j'en sais plus que vous à cet égard,* et alors il lui dit *que l'association des carbonari avait pour but le maintien de la charte, et de ramener le gouvernement dans la voie tracée par le pacte social* ; alors il lui donna les mots de la prétendue association, il lui dit de quelle manière elle se composait.

M. Trolé croyant d'après ce que venait de lui dire le général Coutard, que cette association n'avait rien de contraire au gouvernement, avoue qu'il était carbonari, quoiqu'il ne le fût point, croyant que c'était le seul moyen de se réunir à ses amis.

Voilà, Messieurs, dans quelle circonstance et dans quel état celui pour lequel je parle fit les prétendus aveux qu'on lui oppose. M. le général Coutard convient lui-même avoir instruit M. Trolé de la prétendue composition et des prétendus mots de l'association ; un cri de sa conscience lui a fait avouer qu'il avait parlé à M. Trolé du frère de Peugnet. Maintenant que M. Trolé a vu l'usage que l'on prétendait faire de ces prétendus aveux, qu'on a faussé la parole d'honneur qu'on lui avait donnée qu'il garderait son emploi, et que ses aveux ne seraient connus de personne, il les rétracte, il dit comment on les lui a arrachés : il dit pourquoi, sans connaître cette prétendue société de carbonari ; il a dit qu'il en faisait partie. Tout ce qu'il dit, est confirmé par des pièces ; des aveux de M. le général Coutard ; que reste-il donc de cette déclaration? rien, si l'on ne veut mettre de côté tout sentiment d'honneur ; et si l'on ne veut fouler aux pieds les principes les plus sacrés en matière de législation criminelle : car il est constant que c'est par des tortures morales ; par des promesses fallacieuses, et en alléguant des pièces et des faits faux que l'on est parvenu à arracher à M. Trolé les déclarations qu'on produit aujourd'hui. En droit ces pièces ne peuvent être d'aucun poids ; que sont-elles en morale ?

Je vous ai démontré, Messieurs, et ce serait vous faire injure que d'y insister d'avantage ; je vous ai démontré, dis-je, que les déclarations des sieurs Valterre et Trolé, ne peuvent être prises en considération : il ne reste donc pour appuyer l'accusation grave qui pèse sur la tête des accusés, que la déclaration du dénonciateur ; du sieur Charvais.

M. le capitaine rapporteur a dit, que le principe *testis unus*, *testis nullus* ne peut être invoqué ; parce que les conseils de guerre sont à la fois juges et jurés ; et que la loi ne leur demande pas, par quelle preuve ; ou quel nombre de témoins leur conviction s'est formée ; la loi s'en remet à leur conscience. Ce principe est vrai ; Messieurs, mais il faut l'entendre sainement.

La loi ne demande pas tel ou tel nombre de témoins ; c'est parce que le législateur a bien senti ce que demanderait la conscience des juges et des jurés.

D'abord je dis que l'on n'a jamais vu un jury décider, surtout dans une affaire aussi grave, sur la déposition d'un témoin unique. Lorsque l'on a vu des déclarations du jury qui ne semblaient basées que sur le témoignage d'un seul individu, on n'a pas pris garde que la conviction du jury n'avait pas été formée par cette seule déclaration, mais par les circonstances accessoires prouvées par des actes constans, irrécusables, par la conduite de l'accusé et par son caractère ; et par la moralité et le caractère du témoin même.

7

Alors la déclaration du témoin étant corroborée par des circonstances accessoires qui ne pouvaient plus laisser de doute sur la véracité de la déposition, les jurés ont pu former leur conviction, sans rien craindre pour leur conscience. Mais alors ce n'est pas la déclaration seule du témoin qui les a décidés, faites-y bien attention, Messieurs. Je n'ai pas besoin d'insister d'avantage sur ce fait, votre loyauté et vos consciences me sont de sûrs garans que vous sentez combien il serait dangereux, combien il serait affreux, d'admettre la déposition d'un seul témoin pour conduire un homme à l'échafaud.

Si ce que je viens d'établir est fondé en principe de droit, si c'est le cri de la sagesse, de l'humanité et de la raison, que reste-t-il au ministère public pour soutenir l'accusation? Rien, parce que j'établirai qu'en bonne justice la déclaration du sieur Charvais ne peut être prise en considération.

D'abord il est seul, aucun antécédent, aucun fait postérieurs ne vient corroborer, sa déclaration. Les accusés sont des officiers distingués, appliqués à l'étude, attachés à leurs devoirs, et il n'a rien été trouvé chez eux qui ait pu donner un air de vraisemblance à la déclaration du sieur Charvais; au contraire tous les faits de cette procédure se réunissent pour prouver que sa déclaration n'est que le produit de son imagination échauffée par l'espoir d'une récompense et d'un avancement.

Sous ce rapport déjà, Messieurs, et en appliquant les principes que je viens d'avoir l'honneur de vous développer et qui sont la sauve-garde de la société entière, M. le capitaine rapporteur a eu raison de dire que nous lui opposerions qu'un seul témoin ne peut suffire pour établir dans l'esprit des juges la conviction des faits dont il a déposé, et pour imprimer dans leur conscience la conviction qu'elle veut avoir pour déclarer un pareil fait constant. Devant vous, Messieurs, n'aurions-nous que ce seul moyen, nous serions déjà certains de réussir.

Mais il importe à nos cliens de n'être point acquittés faute de preuves suffisantes; ils veulent vous démontrer, ils veulent prouver au public, que la dénonciation est fausse et que l'accusation est sans fondement.

Mais peut-être dira-t-on, que puisque nous prétendions que la dénonciation est le fruit de l'imagination du dénonciateur, il nous est impossible de prouver qu'elle est fausse. Messieurs, ce raisonnement n'est que spécieux, parce que d'abord les trois accusés se réunissent pour la déclarer telle, et que différens faits que je vais développer devant le conseil, en même tems qu'ils anéantiront la déclaration, en établiront la fausseté.

J'ai dit que la déclaration du sieur Charvais était invraisemblable, incohérente, qu'elle se contredisait et était controuvée dans ses parties principales ; si j'établis ce que j'avance, j'aurai certes prouvé à tout homme juste, à tout homme dégagé d'esprit de parti et de prévention, que l'accusation est fausse. Or, c'est à des juges que je parle, c'est donc à des hommes justes que je m'adresse ; c'est à des hommes dégagés de tout esprit de parti, de crainte et de prévention.

La déclaration du sieur Charvais est invraisemblable; ce point est facile à démontrer ; un seul mot suffirait pour en établir la preuve. Le sieur Trolé doit avoir fait au sieur Charvais la révélation d'un complot qui tendait au renversement du gouvernement, et M. Trolé n'avait jamais parlé à ce sieur Charvais, et c'est la première fois qu'il lui parle, qu'il lui fait des confidences qui peuvent compromettre non seulement son honneur et sa vie, mais la vie et l'honneur d'hommes justement révérés. Cette réflexion seule suffirait pour ôter toute croyance au dénonciateur : mais suivons le sieur Charvais.

C'est, dit-il, la première fois que M. Trolé lui parle, qu'il lui fait la confidence d'un complot qui doit avoir des ramifications aussi étendues, d'un complot qui devrait avoir pour objet le renversement du gouvernement; cela déjà est incroyable ; mais le sieur Charvais va plus loin. Non seulement il lui fait ces confidences une demi-heure après qu'ils se sont vus pour la première fois, sans avoir pris de renseignemens sur son compte, car s'il en avait pris, l'on sait ceux qu'il aurait obtenus.

Mais il fait ces confidences après que lui sieur Charvais lui

7 *

a manifesté des principes qui ne devaient plus lui laisser de doute sur son opinion. Je le demande à tout homme pensant, une pareille fable est-elle, je ne dirai pas croyable, mais seulement proposable: le sieur Charvais pour embellir son roman, agrave la position de mon client et le signale comme étant habitué aux conspirations, et il ne s'aperçoit pas, tant sa passion le domine, que tout en méditant son rapport, il dit une niaiserie: car, en disant que M. Trolé est habitué aux conspirations, il détruit tout le charme de sa déclaration, puisqu'il est impossible qu'un homme du caractère de M. Trolé ait été aussi léger. Ces seules réflexions, Messieurs, devraient vous mettre en garde contre la déclaration du sieur Charvais, si même elle avait reçu un air de vraisemblance par quelques faits indépendans du dénonciateur, et que l'on pût reprocher aux accusés; mais le sieur Charvais est seul avec sa narration, et c'est cette déclaration et le témoignage du sieur Charvais que l'on vous propose d'admettre comme preuve devant servir de conviction. Non, Messieurs, vous ne sanctionnerez pas un pareil système; il est en horreur à la justice, vos consciences le repousseront avec le même sentiment.

Ces moyens seraient sans doute suffisans pour vous décider à rejeter cette fameuse déclaration, et cette preuve que l'on vous présente comme hors de toute atteinte. Mais si je vous ai démontré que cette déclaration était insuffisante, parce qu'elle ne s'appuie de rien et parce qu'elle est invraisemblable dans tous ses points; je vais vous démontrer qu'elle ne mérite pas votre attention, parce qu'elle est incohérente et fausse dans les faits principaux que le dénonciateur rapporte.

D'abord le sieur Charvais dit dans son rapport, médité sur les pièces mêmes de la procédure, qui lui ont été communiquées contrairement à toutes lois et à tous principes d'équité, le sieur Charvais avoue que M. Trolé lui a dit qu'il n'y avait point encore de plan d'arrêté, que les chefs qui étaient à Paris, les laissaient dans un abandon absolu, et cependant le sieur Charvais ajoute qu'il ne peut répondre de la garnison pour une nuit.

Il dit que l'association tendait au renversement du gouvernement, et cependant il ajoute un fait qui détruit tout son système; il dit que le serment qu'il a prêté portait, qu'on ne s'obligeait à suivre les ordres donnés qu'autant qu'ils n'auraient rien de contraire à la conscience.

Il dit que les armes des conjurés étaient un poignard et des pistolets, que la conspiration devait éclater le lendemain, et on ne trouve ni poignards ni pistolets chez aucun des accusés. Il dit qu'on se réunissait de huit en huit, et tous les témoins assignés vous affirment que les accusés vivaient isolés, s'occupant de leurs études et que jamais il n'y avait de réunions chez eux.

Il dit enfin que M. Trolé, officier d'artillerie et d'état-major lui a dit que l'on tiendrait en respect le troisième de ligne, au moyen de deux canons à mitraille, et il est constant que la caserne dans laquelle se trouve ce régiment a cinq issues.

Je vous demande maintenant, Messieurs, comment ajouter foi à une fable aussi absurde, se contredisant dans tous ses points principaux. N'est-il pas bien constant actuellement, que les poignards n'ont été mis là que pour donner un air un peu plus dramatique à la fable que le sieur Charvais débitait. La fausseté de sa déclaration sur tous les détails à lui donnés, n'est-elle pas établie par sa déclaration même, lorsqu'il dit que le complot est dans son enfance et qu'il n'y a encore aucun plan d'arrêté; en effet, s'il n'y avait aucun plan d'arrêté, comment ose-t-il dire que M. Trolé l'a déroulé à ses yeux et avec des couleurs aussi noires; si la société était dans son enfance, s'il n'y avait aucun plan d'arrêté, comment ose-t-il dire qu'il ne répond pas de la garnison pour une nuit ; si les chefs qui devaient être à Paris, laissaient les conjurés de Strasbourg dans l'abandon, comment ose-t-il avancer qu'il viendra un général à Strasbourg ; de qui les conjurés avaient-ils donc des ordres ? vous le voyez, Messieurs, plus on examine cette déclaration dans ses détails, plus on la trouve invraisemblable et absurde.

Mais ce qui vous frappe le plus, Messieurs, ce qui prouve d'avantage, s'il est possible, l'infamie de la dénonciation, c'est cette déclaration du sieur Charvais que le serment portait que l'on n'était tenu de suivre les ordres donnés qu'autant qu'ils n'avaient rien de contraire à la conscience ; or je vous demande, comment alors le sieur Charvais a-t-il osé dire que l'association dont il parle, avait pour but le renversement du gouvernement ? Car cette partie de la déclaration est vraie ou elle est fausse ; si elle est fausse dans ce fait principal vous ne pouvez l'admettre pour aucun autre ; si elle est vraie, la dénonciation tombe d'elle-même, car il est impossible d'admettre qu'une association dans laquelle les membres ne sont obligés à obéir aux chefs qu'autant que les ordres qu'ils donnent ne blessent point leur conscience ; il est impossible, disons-nous, d'admettre, qu'une telle association ait un but coupable ; or si même il y avait association n'ayant aucun but coupable, que devient la déclaration du sieur Charvais, que deviennent ses poignards, ses canons, ses associations et son anarchie?

Je croirais me manquer à moi-même, Messieurs, et je croirais vous offenser si j'insistais d'avantage sur la déclaration et sur le témoignage du S.r Charvais ; il ne me reste plus qu'à repousser des faits avancés par M. le général Coutard, et à en prouver d'autres qu'il a niés dans les réponses qu'il a faites aux questions rogatoires qui lui ont été adressées par mon client. M. le général affirme que M. Trolé lui a dit avoir soustrait le règlement des carbonari sous son aisselle et qu'il l'avait brûlé en route. Il est constant par la déposition de l'officier de gendarmerie et des deux gendarmes qui ont conduit M. Trolé à Paris, qu'il est matériellement impossible que cela ait eu lieu. En effet, lorsque l'officier de gendarmerie est entré avec ses gendarmes dans la chambre de M. Trolé, celui-ci était en chemise, il dit que dans cet état il a levé les bras pour ouvrir son secrétaire, qu'il a fait différentes choses et il vous affirme qu'il est impossible que M. Trolé ait eu quelque chose sous les bras, qu'il l'a bien examiné et qu'il s'en serait apperçu. D'un autre côté M. Trolé a été conduit à Paris attaché par le pied à un gendarme, ne pouvant faire un pas sans lui ; il est constant que pendant la route le gendarme ne l'a pas quitté d'une seconde, ainsi que le maréchal-de-logis ; et ces deux témoins vous affirment que M. Trolé n'a rien déchiré ni brûlé en route et qu'il n'aurait pu le faire sans qu'ils s'en apperçussent. D'un autre côté, dans les questions rogatoires, M. le général Coutard nie d'avoir promis aux accusés qu'ils conserveraient leurs grades ; cependant voici une lettre du général écrite en entier de sa main dans laquelle il dit positivement le contraire.

Je suis peiné de voir, dans cette circonstance, qu'un officier général français se soit oublié au point d'avancer un fait dont l'impossibilité matérielle est démontrée et d'en avoir nié un autre dont nous avons la preuve écrite en mains.

La déclaration de M. le général Coutard pouvant donner quelque air de vraisemblance à la déclaration du S.ʳ Charvais, nous avons dû chercher à la détruire, nous l'avons fait, je pense, de manière à ne laisser de doute dans aucun esprit.

La déclaration du S.ʳ Charvais est donc encore fausse sous ce point.

Je crois, Messieurs, vous avoir démontré qu'en droit et en fait il n'existe contre les accusés aucune preuve du prétendu complot dont ils sont accusés ; je dis qu'il n'existe aucune preuve, parce que je ne vous ferai pas l'injure de supposer que vous puissiez admettre comme preuve la déclaration du S.ʳ Charvais ; elle est indigne de vos regards et à cause de la personne qui l'a faite et parce qu'elle est invraisemblable dans tous ses points, controuvée dans plusieurs, et incohérente et ridicule dans ses faits principaux.

Après le discours de M.ᵉ Detroyes, la séance est suspendue pendant quelques instans ; lorsqu'elle est reprise, la parole est accordée à M.ᵉ Lièchtenberger, avocat de M. Peugnet.

Messieurs,

Le jour longtems attendu par mon client, vient enfin d'arriver : la justice, une justice éclairée, impartiale et indépendante va décider de son sort : victimes d'une odieuse dénonciation, que l'ambition ou quelque autre sentiment d'un vil intérêt a sans doute suggérée à son auteur, arrêtés, jetés au secret, traités avec une rigueur que l'exagération de la dénonciation pouvait justifier à peine, conduits enchaînés dans la capitale, excités à des déclarations et à des démarches par des promesses qui ne furent jamais accomplies, présentés à la France entière comme des conspirateurs, tandis que d'après des garanties solennellement données, le silence le plus absolu devait être le prix de la franchise que l'on exigeait d'eux; dans une pareille situation que pouvaient faire les accusés, quelle route leur indiquait l'honneur? pouvaient-ils laisser planer sur leur réputation si intacte et si honorable l'odieux soupçon, que les manoeuvres coupables dont on les accusait leur étaient imputées à bon droit; pouvaient-ils permettre que le soupçon d'un crime reposât sur leurs têtes, que, par leur silence, leurs parens fussent condamnés à passer leurs vieux jours dans les pleurs, punis dans leurs plus chères espérances, déshérités d'avance de l'honneur dont la conduite de leurs enfans devait entourer leur vieillesse : les accusés le pouvaient, le devaient-ils? Eh! Messieurs, si une facilité que je pourrais nommer coupable, si une lâche condescendance pour leur intérêt personnel, si un désir irréfléchi de recouvrer promptement une liberté qui, depuis deux mois déjà, leur était ravie, avait pu les faire persister à accepter l'exil qu'on leur offrait, la conduite des accusés eût-elle été honorable, digne de coeurs généreux, de loyaux militaires!

En effet, Messieurs, la réputation des accusés, l'honneur de leurs parens qu'un préjugé fatal, toujours combattu, mais existant toujours eût compromis, étaient-ce là les seules considérations qui devaient les diriger? La déclaration du dénonciateur se renfermait-elle dans des faits entièrement personnels aux accusés, leur honneur était-il seul compromis? Non, Messieurs, et les corps de l'armée dont les accusés faisaient partie, et l'arme entière de l'artillerie, et le 29.e régiment de ligne, et plus de 300 citoyens que le dénonciateur désigne comme devant être la fleur de la population de cette cité, se trouvaient enveloppés dans l'arrêt de proscription qu'il lançait contre les accusés; le silence de ces derniers eût dès

lors été une espéce d'approbation, un aveu, une accep-
tation tacite de tout ce que contenaient les rapports fournis à l'autorité ; non seulement les accusés auraient eu à
supporter le poids de la conviction que leur conduite
aurait fait naître contre eux, mais le soupçon, un soupçon injurieux et éternel planait encore sur tous ceux
que le dénonciateur avait désignés : le silence eût été
alors un crime : aussi la délicatesse des accusés ne leur
permit elle pas de suivre une autre route que celle que
l'honneur leur traçait ; se dépouillant de tout intérét personnel, sans crainte, il est vrai, parce que leur conscience
est pure, ils demandent des juges : les fatigues d'une
longue route, les humiliations qui les attendaient dans ce
long trajet, où des vagabonds et des criminels devaient
être leur société habituelle, une longue détention à subir
encore, pour laisser aux juges qui seraient appelés à prononcer sur leur sort, le tems de procéder à une infor-
mation, rien ne les effraie, rien ne peut les détourner de
ce que l'honneur leur indiquait comme un devoir: enfin,
Messieurs, ils se trouvent devant vous ; heureux de voir
leur sort confié à l'impartialité, à la loyauté de militaires
dont la carrière honorable ne présente que des exemples
de bravoure et de vertus ! pleins de confiance en vos lumières, ils n'ont pas permis que leurs défenseurs fissent
valoir devant vous les moyens d'exception que la rigi-
dité de nos devoirs et notre respect pour les principes
nous faisaient une loi de vous proposer : la qualité des
accusés, la nature du délit qu'on leur impute, et de
nombreux textes de la loi auraient suffi sans doute pour
faire renvoyer ce procès devant les juges civils: notre avis
a du fléchir devant leur volonté : votre justice, Messieurs, va apprécier les charges qu'on élève contre les
accusés, l'opinion publique va décider entre eux et leur
dénonciateur.

Mais avant d'entreprendre la défense qui m'est spécialement confiée, avant de vous retracer les charges que
l'accusation produit contre M. Peugnet et de leur opposer
les moyens de défense qui suffiront, je l'espère, pour

(106)

les détruire et les anéantir, qu'il me soit permis, Messieurs, d'attirer quelques instans votre attention sur la vie de ce brave militaire.

Fils d'un respectable cultivateur de Vraucourt, département du Pas-de-Calais, il fut élevé avec soin par son père dont il était l'espoir et dont il devait devenir l'orgueil : à sa sortie de l'école militaire en 1813, il fut envoyé à Flessingue, où il resta employé dans l'artillerie jusqu'à la paix générale de 1814 : à cette époque il passa avec une portion de son régiment à Rennes ; mais bientôt son ame ardente lui fit désirer une plus grande sphère d'activité ; il demanda et obtint de l'emploi dans les colonies, et partit pour la Guadeloupe : lors des troubles qui désolèrent cette île dans l'été de 1815, ennemi des réactions, il employa toute l'énergie dont il était doué pour arracher à l'effervescence d'une jeunesse exaltée un magistrat de la colonie, *) objet de haines particulières qui cherchaient à s'assouvir ; il lui fit un rempart de son corps, et eut le bonheur de le sauver : cet acte de dévouement envers un particulier, ne lui fit pas perdre de vue l'intérêt général : il joignit ses efforts à ceux de ses compagnons d'armes, et se signala parmi les braves qui tentèrent de préserver la Guadeloupe du joug de l'invasion anglaise ; mais bientôt il subit la loi commune et fut emmené prisonnier en Angleterre : à son retour en France, c'était à la fin de 1815, les cadres de l'armée lui furent fermés : Peugnet se retira au sein de sa famille : rappelé sous les drapeaux en 1818, il s'empressa d'apporter à sa patrie le tribut des connaissances qu'il avait cherché à augmenter pendant une retraite de trois années : sa conduite depuis cette époque lui attira l'estime de ses chefs et l'amitié de ses camarades, et si nous avons à regretter l'absence de M. le lieutenant-colonel du 3.e régiment d'artillerie, dont mon client a requis l'assignation, il est heureux qu'une notoriété glorieuse pour lui puisse être invoquée : elle vous aura dit sans doute, Messieurs,

---

*) M. Landais, procureur du Roi.

que mon client par l'étendue de ses connaissances militaires, par son amour pour la discipline qu'il observait lui-même avec rigueur, par l'aménité de ses moeurs d'ailleurs irréprochables, était cité au premier rang parmi les officiers de l'arme distinguée à laquelle il appartenait.

Ce fut au milieu de ses études et des occupations paisibles auxquelles il se livrait, que le trois Avril dernier à six heures du matin son domicile fut envahi par sept gendarmes; il fut arrêté, conduit à la prison militaire, mis au secret où il resta six jours, de là jeté dans la malle-poste avec deux gendarmes, traîné à Paris et amené devant le général Coutard : ce fut devant cet officier général que Peugnet apprit les motifs de son arrestation ; il apprit qu'une dénonciation existait contre lui, qu'on le soupçonnait de faire partie d'une association secrète dite des Carbonari, que la veille de son arrestation il avait coopéré à l'affiliation d'un officier du 40.e à cette même association, dont le but, disait-on, était le renversement du gouvernement, et dont les moyens résidaient principalement dans un comité directeur, pouvoir occulte, mais réel, et dans les ramifications que l'association avait jetées dans les départemens de la France.

Ce fut sur ces bases qu'un interrogatoire fut dressé : les mêmes moyens, familiers, à ce qu'il paraît, à celui qui interrogeait, et qu'à tort peut-être je m'abstiens de qualifier, moyens dont d'ailleurs mes confrères vous ont déjà déroulé l'affligeant et douloureux tableau, furent employés contre mon client : ils n'amenèrent pas à la vérité les mêmes résultats; cet interrogatoire tantôt abandonné un instant, puis repris, dura douze heures, et malgré les assertions contenues dans un ordre du jour dont les journaux ont fait retentir la France entière, je puis dire et je dis, sans craindre un démenti, *Peugnet n'a fait aucun aveu.*

J'abandonnerai maintenant, sauf à y revenir plus tard, les circonstances de la détention de mon client à Paris, et j'aborde les moyens de l'accusation.

Le principal, le plus grave aux yeux du ministère public, réside dans la déclaration du S.ʳ Charvais, et dans les rapports adressés par cet officier à l'autorité militaire : examinons donc cette déclaration et voyons d'abord, si abstraction faite du caractère du dénonciateur, et des faits graves dont le conseil a été instruit dans la séance d'hier, cette déclaration réunit tous les caractères de vraisemblance, de véracité et de franchise, qui réunis peuvent seuls mériter l'attention du juge, et exercer une influence sur sa conviction ; ce principe posé, ma tâche se simplifie déjà, car il me sera facile de prouver, avec moins de talent peut-être que mes confrères, mais à l'aide de quelques réflexions nouvelles, que les rapports de Charvais ne méritent pas les regards de la justice ; que ces prétendues révélations ne présentent qu'un fastidieux roman ; tissu d'invraisemblances et de contradictions, incohérent dans toutes ses parties, empreint d'une exagération révoltante, et que, sans les suites douloureuses qu'elles ont produites, je qualifierais volontiers d'absurde mystification.

Quel est, en effet, Messieurs, l'homme de sang froid, l'homme jouissant de sa raison, qui croira qu'un officier, qu'un homme d'esprit et de mérite, que M. Trolé enfin ait pu porter assez loin l'oubli de toute prudence, pour se permettre de prime-abord, envers un inconnu, envers un homme avec lequel ses relations antérieures n'avaient consisté que dans ces paroles que l'usage et la politesse autorisent ou prescrivent surtout entre des personnes qui courent la même carrière, pour se permettre, dis-je, envers un tel homme, une confidence aussi grave que celle dont il nous entretient dans son rapport : qu'il aille étourdîment saisir la première occasion que le hazard lui offre, la première conversation suivie, pour dérouler devant cet inconnu le plan et les moyens d'action d'une vaste conspiration, dont la révélation devait avoir pour lui Trolé les conséquences les plus funestes ; que non content de livrer ainsi sa tête aux calculs ambitieux, ou, si l'on veut, à la fidélité d'un homme, il se permette encore de vendre le secret d'un autre, d'attirer sur la tête d'un ami le glaive des lois que son imprudente confiance suspendait aussi sur la sienne! une pareille conduite est-elle vraisemblable? vous paraîtra-t-elle possible; lorsque des déclarations mêmes du S.ᵗ Charvais jaillira la preuve, qu'il a repoussé ces confidences, et que les sentimens qu'il prétend avoir manifestés, contenaient par avance la réprobation des principes que Trolé professait, et qu'il se proposait de lui développer: des propos plus ou moins vagues, plus ou moins injurieux pour le gouvernement sont, dit-on, proférés dans un lieu public par un étudiant; Charvais s'en indigne, s'applaudit de ne les avoir pas entendus, parce qu'il les eût considérés comme une offense directe pour lui, et malgré cet avertissement, Trolé persiste, non à tenir lui-même des propos insignifians, mais à initier le S.ʳ Charvais dans les mystères d'une conjuration, à lui dévoiler des plans de révolte, dont l'arme devait être le poignard, les moyens, l'assassinat, et le but le renversement du gouvernement. Cette assertion de l'accusateur porte en elle-même tant de symptômes d'invraisemblance, je dirais même, de ridicule, que l'on ne saurait assez s'étonner, qu'il ait pu faire quelques dupes.

Voyons si, descendant dans les détails de la dénonciation, analysant les faits dont elle se compose, les rapprochant les uns des autres, elle se trouvera à l'abri des autres reproches que je lui ai faits : présentera-t-elle cette cohérence, cette unité de vue, cet air de franchise que la vérité seule peut donner, que la vérité donne toujours, ou plutôt n'y reconnaîtra-t-on point à chaque pas les efforts que fait un homme tourmenté de la soif de dénoncer et d'obtenir croyance pour ce qu'il déclare, trop impatient pour réfléchir, pour coordonner entre elles les diverses parties de son système, parce qu'il brûle d'atteindre au but qu'il se promet, à la récompense qu'il attend. Écoutons parler le S.ʳ Charvais : le projet, dit-il, lui paraît être encore dans son enfance, il ne croit pas que la résolution d'agir soit déjà arrêtée entre les conspirateurs, *et cependant il ne répond de la garnison que pour une nuit!* La société des carbonari est composée d'une infinité de petits cercles disséminés dans les départemens, et ressortissant tous d'un centre commun, espèce de comité directeur où de *vente suprême* comme l'accusation le qualifie : ce haut cercle se trouve à Paris, c'est de lui seul que l'ordre d'agir peut émaner; M.ᵣ Trolé se plaint à Charvais de l'abandon où les affiliés de Strasbourg sont laissés par leurs chefs, cet abandon a pour résultat nécessaire de paralyser la conjuration à Strasbourg, *et il ne répond de la garnison que pour une nuit!* Trois régimens d'infanterie forment la garnison de la ville, ces régimens composent à eux seuls les cinq sixièmes des forces militaires de la place, cette infanterie est fidèle, aucun soupçon ne peut l'atteindre, l'association n'a encore jeté ses ramifications que dans le bataillon d'artillerie; quelques officiers seuls sont du complot, aucun sous-officier n'est initié, *et il ne répond de la garnison que pour une nuit!* toute l'association est dans un état de désorganisation, l'on doit sous peu de jours procéder à un nouvel arrangement, à une organisation; le prétendu complot réside dans l'association, il n'est que là; c'est d'elle que l'impulsion doit partir, ce sont les affiliés qui doivent agir, cependant ces conspirateurs sont dispersés, on se propose de les classer dans quelques jours, *et il ne répond de la garnison que pour une nuit!* je livre ces traits fidèlement extraits des rapports du S.ᵣ Charvais à vos méditations, je n'y ajouterai aucune réflexion, elles ne pourraient que les affaiblir.

Dirai-je quelques mots, Messieurs, de cette étrange assertion du S.ᵣ Charvais, relativement au 3.ᵉ régiment de ligne, de ce régiment qui n'a, dit-il, pour sortir de sa caserne que deux issues, ce régiment qu'on dédaigne de corrompre parce que deux pièces de canon placées aux *deux issues* suffiront pour le contenir : le S.ᵣ Charvais se persuadoit-il donc que l'autorité à qui il débitait de pareils contes, était privée de ses yeux; n'en avait-il pas lui-même, lui officier de la garnison de Strasbourg, et si l'on pouvait se persuader un instant qu'il fût vrai que le S.ʳ Charvais ait entendu ces propos de la bouche de M.ʳ Trolé, ne devait-il pas, en entendant un pareil langage, de pareils faits, démentis par la situation des lieux que chacun connaît, croire ou que celui qui lui parlait ainsi, était un fou, ou bien qu'il avait pour but de le mystifier.

C'est cependant, Messieurs, dans un rapport écrit à tête reposée, dans un rapport médité, le S.ʳ Charvais le qualifie ainsi lui-même, que se rencontrent tant d'absurdités et de contradictions! médité! quoi, l'on a besoin de méditation pour faire une déclaration en justice! la vérité se déclare, le mensonge et l'imposture se méditent!

Suivons toujours le S.ʳ Charvais; jusqu'ici tout dans sa déclaration est vague, rien n'est spécifié, et ne peut dès-lors être retorqué que par les armes du raisonnement; descendons avec lui sur un autre terrain; je déclare d'avance qu'il n'y sera pas plus heureux; le mensonge y sera prouvé par des faits; après nous avoir donné, si je puis parler ainsi, la théorie de la conjuration, il en vient à l'application; eh bien! dans tous les faits matériels qu'il a annoncés, il a reçu partout des démentis. Reçu carbonaro le 2 Avril dernier, il reçut, dit-il, communication d'une partie d'un réglement qui contenait les statuts de l'ordre: sa réception a lieu dans la soirée; on se quitte tard, en se serrant affectueusement la main, sans soupçon, plein d'une confiance réciproque; il remarque que le prétendu réglement est enfermé par Trolé dans l'un des tiroirs de son secrétaire: le lendemain matin au lever du soleil, à un moment où la sécurité de Trolé devait être la même, la gendarmerie envahit son domicile, le surprend dans sa chambre, dans son lit, en chemise; on procède à la visite des lieux, à l'inventaire des papiers, à la fouille de tous les meubles, rien n'est négligé; où est ce prétendu réglement, ce cahier de douze à vingt pages in-quarto comme le décrit le S.ʳ Charvais? on n'en découvre pas la moindre trace, ni chez Trolé, ni chez ses coaccusés arrêtés avec les mêmes précautions: il est vrai que l'accusation a senti toute l'importance de ce fait, aussi s'est-elle hâté d'ajouter un petit épisode au roman de la dénonciation; on a prétendu tenir de la bouche de Trolé, que surpris par la gendarmerie, il avoit soustrait ce cahier de vingt pages in-quarto sous son aisselle, et qu'il était parvenu à le brûler en route. Cette allégation, de la part de l'accusation, est au moins mal-adroite; aussi la défense s'empresse-t-elle de s'en emparer; en thèse générale, réfuter les moyens de l'accusation, combattre ses preuves, voilà le lot de la défense, on ne peut rien exiger de plus de l'accusé; M. Trolé aurait pu dire, et se contenter de dire: vous avez en main des déclarations signées de moi, vous en avez fait grand bruit, votre système d'accusation s'appuie encore aujourd'hui sur elles; montrez-moi une ligne de ces prétendus aveux, où il soit question de la soustraction du réglement; si je vous avais tenu les propos que vous m'imputez, vous qui en sentez toute l'importance, n'auriez-vous pas profité de l'instant de découragement et de faiblesse morale où vos menaces m'avaient jeté, pour me les faire consigner par écrit; l'avez-vous fait, l'avez-vous osé exiger de moi? cette réponse eût été satisfaisante sans doute; mais on a fait plus, trois témoins assignés à notre requête, témoins que l'accusation ne trouvera pas suspects, ont unanimement déposé que cette prétendue soustraction, que la destruction qui devait l'avoir suivie, étaient physiquement et matériellement impossibles. Allons plus loin, en prenant toujours le S.ʳ Charvais pour guide: il révèle un complot, il indique des individus; dans le but qu'il se propose, la capture qu'il ménage doit être importante: elle doit frapper les chefs, ou du moins des membres influens de l'association: aussi les dépeint-il audacieux, décidés, ardens, et parlant, comme lui-même l'a dit trivialement à l'audience d'hier, parlant de poignards, comme lui Charvais parlerait de fourchettes: ce mot, poignards, ne m'a pas étonné, j'eusse été surpris même de ne pas le rencontrer ici; il fait effet sur les esprits faibles et crédules, je le considère comme expression obligée dans une histoire de conspiration.

Aussi l'un des articles du prétendu réglement impose-t-il l'obligation aux affiliés d'être armés d'un poignard! les accusés sont arrêtés, on inspecte, on visite tout; on fouille dans les matelats et dans les paillasses; trouve-t-on, je ne dirai pas chez tous les accusés, mais chez l'un d'eux, un poignard? et cependant rigides observateurs de leur réglement, fanatiques sectateurs d'une association, les accusés sont présentés par le S.ʳ Charvais comme les principaux membres de l'ordre.

L'importance de la révélation ressortait de tous ces détails; mais ils avaient un autre but encore, celui d'intéresser les nouveaux protecteurs qu'il s'était faits; aussi ne rougit-il pas d'avancer, que sa vie n'est pas en sûreté, qu'il est entouré d'assassins: des assassins à Strasbourg! et nous ne sommes pas tous transportés d'indignation! le poignard! c'est une arme que ne savent point manier les mains françaises. Aussi l'injurieuse, l'odieuse allégation est-elle démentie! les lâches craintes du S.ʳ Charvais ont été inutiles; malgré la publicité de la délation, malgré ses funestes résultats; malgré son séjour dans cette ville peuplée de sicaires, il vit, sans autre punition, que la honte de ces débats, et le remords, que doit lui inspirer l'aspect ou le souvenir des victimes qu'il a faites!

Qui ne voit déjà, Messieurs, que la dénonciation est une œuvre de ténèbres, indigne des regards de la justice, que les détails fournis ne sont qu'une pitoyable fantasmagorie à l'aide de laquelle le dénonciateur espérait engourdir l'attention de l'autorité sur l'invraisemblance de son roman.

Pour compléter le tableau qu'il avait tracé, et persuadé sans doute qu'à l'aide des grands mots, on produit les profondes impressions, le S.ʳ Charvais ne craint pas, en parlant des accusés, de les qualifier de brigands et de scélérats.

Je n'emploierai pas la récrimination; mais je demanderai au témoin qui nous accuse: s'il connaissait un être vil, qui poussé par une coupable ambition qui ne serait point satisfaite assez tôt au gré de ses désirs, excité par l'espoir d'obtenir pour ce qu'il qualifiera de dévouement, un avancement que l'on vait refusé à ses talens ou à ses mœurs, se déciderait à porter contre un homme une dénonciation calomnieuse, qui dévoré par une lâche passion ou par un odieux intérêt personnel, tenterait de faire de la ruine de celui qu'il accuserait, le marche-pied de sa fortune, je le lui demande, s'il connaissait un tel être: auquel des deux, du dénonciateur ou de la victime, donnerait-il l'épithète de scélérat.

Convaincu par tout ce que les débats vous ont révélé, que la déclaration du S.ᵣ Charvais ne saurait être d'un grand secours à l'accusation, le ministère public semble l'abandonner un instant; mais l'accusation n'en triomphera pas moins, dit-il; elle a pour opérer votre conviction, une preuve bien plus irrécusable que tous les témoignages, une preuve qui rend toute autre investigation inutile, l'aveu des accusés, et quoique ce raisonnement soit sans application envers mon client qui n'a rien avoué, le ministère public, faisant changer de rôle aux accusés qui ont fait de prétendus aveux, dès que le besoin de son système le réclame, ils deviennent témoins. Je me vois donc forcé de discuter le mérite de ces aveux, et de revenir encore sur les détails pénibles des étranges inter-rogatoires que les accusés ont subis à Paris. Ne perdez pas de vue, Messieurs, la marche que le général Cou-tard a tenue; Trolé arrive à Paris; parti de Strasbourg avant ses coaccusés, le système que l'on avait en vue pour eux, ne pouvait pas convenir ici: lui opposer de prétendus aveux faits par ses camarades eût été une maladresse, le piége eût été trop grossier; vous savez celui qui lui a été tendu; l'accusé l'a proclamé haute-ment, et pour prouver qu'il a dit vrai, je n'ai qu'à en appeler à vos souvenirs; vous rappeler l'impression qu'ont produits sur vos esprits les mots raturés, mais lisibles dans la réponse du général Coutard à la troisième question qui lui a été adressée par M. Trolé: plus tard et à l'arrivée des deux autres accusés, l'on n'eut plus besoin d'aussi grands efforts d'imagination, l'on supposa près de chacun d'eux, que ses compagnons d'infortune l'avaient désigné.

Si à de pareils moyens vous joignez les menaces qui leur furent adressées, les promesses que l'on attachait à leurs aveux, l'appel que l'on a fait à tous les sentimens généreux qui animent des hommes d'honneur, en leur dépeignant leurs parens, tout ce qui leur était cher, accablés sous le poids de la solidarité que l'on menaçait de reporter sur eux, la situation des accusés, fatigués au physique, abattus au moral, traînés à cent lieues de leur résidence avec des rigueurs inusitées et des formes révoltantes : l'étonnement que leurs aveux ont pu vous causer, cessera bientôt.

Dangereux effet de la prévention! malheur à l'homme qui lui donne accès dans son esprit! tous les objets changent de physionomie, elle donne à tous une face nouvelle! elle seule dès lors est la vérité, hors d'elle tout est mensonge; les accusés le savaient: vraie ou feinte, la prévention du général était du moins apparente, aussi toutes leurs dénégations, tous leurs efforts pour se justifier, vinrent-ils échouer devant son inflexible incrédulité : une porte de salut leur est ouverte; leur liberté, la sécurité de leurs familles, leur sont promises: on ne demande qu'un aveu; le caractère du général qui les interroge, ne leur permet pas de supposer un piége; l'aveu qu'on leur demande, ils croient pouvoir le faire sans danger, puisque les faits qu'ils avouent, ne constituent pas un crime; et comme l'a dit hier un des accusés, eût-il fallu s'accuser coupable du plus grand crime, il l'eût fait encore pour préserver son vieux père des persécutions dont on le menaçait. Mais, dit le ministère public, ce qui rend ces aveux si importans, c'est la concordance qui règne entre eux; c'est elle qui forme ce faisceau de preuves que la défense tentera vainement de briser. La concordance, Messieurs, ne serait-il pas étonnant de ne pas la rencontrer! le général Coutard était nanti des rapports de Charvais; toutes les questions ten-

8 *

daient alors au même but, celui d'obtenir des preuves à l'appui des rapports! les questions étaient dès lors presque identiques, elles nécessitaient des réponses semblables: les accusés étaient arrêtés, menacés, intimidés même; on leur offrait de les sauver, des aveux étaient la condition, la liberté en était le prix; décidés à parler, il fallait que leur sacrifice pût leur profiter, il fallait donc faire preuve de franchise, persuader à celui qui les interrogeait que cette franchise était entière, sans aucune arrière-pensée! le seul moyen pour arriver là, était d'accepter les idées du général, d'adopter comme vrai tout ce qu'il présentait comme tel, de penser par lui, de déposer pour ainsi dire, sous sa dictée! c'est ce qu'ils ont fait, et l'on s'étonne de la concordance qui règne entre leurs déclarations!

Mais je l'ai déjà dit, Messieurs, je le répète encore et je le répéterai toujours, mon client n'a fait aucun aveu: soumis aux mêmes formes, en butte, comme ses coaccusés, à des moyens dont l'histoire de l'inquisition peut seule offrir des exemples, il a su résister à tout avec fermeté et avec courage. Cette résistance, il l'a sans doute puisée dans son expérience, dans la connaissance plus intime qu'il pouvait avoir du cœur humain, dans la certitude où il était, que tout devait avoir un terme, même l'arbitraire que l'on employoit contre lui, dans la conviction qu'il avait, que si la corruption a pu porter un homme à le dénoncer calomnieusement, il trouverait un refuge dans la loyauté des magistrats qui ne condamnent pas sans preuves.

Ces aveux d'ailleurs n'existent plus, les accusés les ont rétractés! et leur rétractation est-elle invraisemblable? n'est-elle pas au contraire justifiée dans tous les points? conduits dans un piége, dupes de promesses fallacieuses, ils ont fait des déclarations; mais les moyens qui ont été employés pour leur arracher des aveux, ces moyens qui doivent révolter tous les cœurs honnêtes, ne doivent-ils pas détruire la force que l'accusation voudroit puiser dans ces mêmes aveux? l'emploi de ces moyens est-il simplement allégué par les accusés? non, Messieurs, ouvrez les commissions rogatoires et à chaque page vous verrez jaillir la preuve des voies tortueuses de l'accusation; malgré la défiance bien légitime qui devait les animer, les accusés n'ont pas fait mystère de leur système de défense: ils n'ont pas voulu, se reposant sur l'absence du général Coutard, chercher à surprendre votre religion en vous insinuant qu'ils avaient été trompés: leur conduite a été franche, ils ont entamé une lutte avec lui, et partout la vérité a triomphé. Une objection qui aurait pu leur être faite, une objection qu'ils prévoyaient, parce que leurs interrogatoires la leur faisaient préssentir, résultait de ce fatal aveu, qui à chaque pas, à chaque acte de la procédure leur était opposé: cette objection était forte; l'impression qu'elle devait produire contre les accusés pouvait avoir des conséquences incalculables; on leur disait: vous avez déclaré être carbornari, vous le déniez à présent: comment se fait-il, que sans avoir participé aux secrets de cette secte, sans avoir été initiés dans ses mystères, vous ayez pu donner sur son organisation, sur ses statuts, et la hiérarchie des divers cercles qui la composent, des renseignemens dont les détails correspondent si parfaitement avec les révélations du dénonciateur! dans le système de l'accusation, la réponse à cette objection était difficile, elle était impossible; celle des accusés fut facile, elle était simple: les connaissances que nous avons eues sur la société des carbonari, nous les tenions de la bouche du général Coutard, nous lui avons révélé ses propres confidences, nous lui avons confessé les secrets dont lui-même venait de nous rendre dépositaires! cette réponse qui détruit l'objection, la seule que l'on ait pu faire pour énerver la force de nos rétractations, cette réponse a été justifiée par l'aveu qu'a fait le général Coutard.

Mais ces aveux fussent-ils encore entiers, les accusés les eussent-ils répétés encore à votre audience, ils n'auraient pu être opposés à mon client: les principes immuables de la justice nous enseignent que des déclarations ne peuvent être reprochées à des accusés et prises en considération par les juges, que lorsque dans les débats, dans lesquels seuls le juge doit puiser les élémens de sa conviction, l'accusé y a persisté : la terreur qui s'empare d'un homme qu'on arrête, le trouble naturel qui l'agite, ne permettent pas que l'on tourne contre lui ce qui peut lui échapper dans le désordre de ses idées; à plus forte raison un tiers ne peut-il être atteint par ces mêmes aveux, qui souvent sont faits par calcul, qui toujours doivent être suspects, par l'intérêt personnel dont ils portent l'empreinte.

Il ne me reste plus, pour accomplir ma tâche, que de suivre l'accusation dans ses derniers retranchemens : battue sur tous les points, elle a fouillé dans les pièces de la procédure, et triomphante pour un instant, elle montre avec jactance quelques phrases d'une lettre écrite par Peugnet à M. le colonel Boyer; elle se prévaut d'une lettre que mon client a écrite au Roi, et d'un fragment d'une lettre des trois accusés à M. Zéa : et comme si tous les genres de moyens indignes de la justice devaient se réunir dans cette procédure, c'est dans une lettre confidentielle, dans une lettre saisie, c'est ainsi que M. le Rapporteur l'a qualifiée lui-même, c'est dans la violation du secret des lettres, que l'accusation est obligée de se procurer des armes : c'est d'une source aussi impure, d'une source réprouvée par tous les hommes généreux, par tous les magistrats honorables, que doivent jaillir de nouvelles charges contre mon client! ces charges, il est vrai, ne m'effraient pas ; qu'elles subsistent au procès, j'y consens, mon client n'aura pas à souffrir de la concession que je fais. Pour vour démontrer le peu d'importance de ces nouvelles inculpations, je me vois forcé à donner quelques explications. Mon client est arrêté, plongé au secret, traîné à Paris, interrogé non par un magistrat, mais par un officier supérieur, assisté d'un agent de la police générale, remis au secret de nouveau : il se voit dénoncé; il est simple prévenu, et les traitemens qu'il éprouve, l'humanité craindrait de les employer envers un condamné : il apprend que ses compagnons d'infortune, ses frères d'armes, ses amis, ont fait des révélations qui le chargent; leur conduite lui paraît inexplicable; ferme au milieu des tortures morales qu'il a éprouvées, il ne conçoit pas que d'autres aient pu succomber; son ame est navrée de douleur, et pour toute consolation, il n'a que les ennuis du secret, les horreurs de la solitude; sa détention se prolonge, il n'en entrevoit plus le terme; bientôt une fièvre ardente allume son sang, son imagination s'échauffe, sa tête s'égare, il se croit condamné, il a vu son juge, il a entendu prononcer sa sentence; et qu'on ne vienne pas dire, Messieurs, que ce que je dis est une fable inventée à plaisir pour secourir l'accusé : il nous eût été facile de constater ce fait par un grand nombre de témoins; les directeurs, les employés de la prison de Ste. Pélagie en eussent unanimement déposé : si nous ne l'avons pas fait, c'est que l'instant d'égarement dans les idées de mon client ressort et des lettres mêmes que l'on emploie, et de la déclaration de M. le colonel Aloys, dont vous avez entendu la lecture; d'après ce fait si bien constaté examinons ces pièces en elles-mêmes : vous avez entendu M. Peugnet : dans son assiette ordinaire il n'eût pas adressé de lettre au Roi; son âge, sa position, dit-il, peuvent la faire paraître inconvenante; il vous a fait cette concession; mais où est le sentiment criminel que cette lettre doit renfermer? je suis encore à le chercher sans le découvrir; aussi mon client ne l'a-t-il pas désavouée; les sentimens qu'il y manifeste ne peuvent que lui faire honneur. Quant à la lettre écrite à M. Boyer, cette lettre est sans date, il est vrai; mais qu'on en lise la dernière phrase : „malgré ma condamnation, je suis encore au „secret, faites des démarches pour qu'il soit levé." et l'on sera convaincu, que c'est durant sa détention à Ste. Pélagie, et dès lors pendant sa maladie momentanée qu'elle a été écrite.

Dans cette lettre, Peugnet dit à M. Boyer : „j'étais tran„quille, je savais que la seule pièce qui pût me com-

»promettre, avait été adroitement soustraite par mon ami : «
au premier abord, ce rapprochement peut paraître sin-
gulier, mais daignez m'écouter : avant tout, Messieurs,
veuillez ne pas perdre de vue que la prétendue soustraction d'une pièce est un mensonge, que non seulement nous la dénions, mais que nous vous en avons
démontré l'impossibilité : réfléchissez ensuite, qu'au moment où l'accusé écrivait cette lettre, sa tête était boule-
versée, sa raison perdue, qu'il se croyait condamné ; dans
cet état, avec de pareilles pensées, il devait chercher à
trouver les causes de sa condamnation, en était-il d'autres,
qui pussent se présenter à son imagination, que la dénonciation portée contre lui, et les charges que le général Coutard lui disait exister ; pouvait-il puiser les motifs de sa condamnation autre part que dans les détails,
dont d'officieux questionneurs venaient journellement as-
sourdir ses oreilles. Mais il y a plus, Messieurs ; l'impossibilité de la prétendue soustraction ne fût-elle pas démontrée, Peugnet eût-il, en écrivant sa lettre, joui plei-
nement de sa raison, qu'en serait-il résulté ! mis au secret dès l'instant de son arrestation, séparé de Trolé,
hors d'état de communiquer avec lui, ni à Strasbourg,
ni sur la route de Paris, ni dans cette dernière ville où
les accusés se trouvaient dans des prisons différentes,
il ne pouvait avoir reçu la confidence de ce fait de la
bouche de son ami ; il ne pouvait l'avoir appris que du
général Coutard, et dès lors de quelle valeur cela peut-
il être dans le système de l'accusation : ainsi, Messieurs, c'est
dans quelques phrases décousues, échappées à la plume
d'un homme malade, aliéné, que l'accusation, dans le
désespoir de sa cause, se voit forcée de chercher des secours ; mais on a fait plus, on a profité de l'état douloureux de mon client, de son abattement, de sa folie,
pour lui arracher la demande de quitter son pays, pour
le faire consentir à accepter, comme un bienfait, une
peine, la plus terrible pour quiconque aime la patrie,
une peine que les tribunaux, l'accusation fût-elle prouvée,
n'auraient pu prononcer contre lui : un exil illimité, in-

défini fut offert comme une grâce à celui dont le cœur battait au seul nom de Patrie, à celui que tous les efforts de l'accusation ne peuvent convaincre d'un délit. Ces réflexions que je me hâte d'abandonner, me conduisent naturellement à la lettre adressée à M. Zéa. Les accusés y ont dit, que leurs opinions étaient contraires au gouvernement actuel ; de là, grande rumeur ! vous-êtes les ennemis du Roi, vous l'avez déclaré ! une pareille interprétation ne peut provenir que de l'ignorance des premières notions du gouvernement représentatif ; sous un gouvernement pareil, et la France est régie par lui, l'opposition au gouvernement ne peut jamais s'entendre ainsi : dans une monarchie représentative, se plaindre du gouvernement, ce n'est pas offenser le Roi, dont la personne est inviolable et sacrée, ce n'est point attenter aux droits de la dynastie régnante, le pacte fondamental les consacre : le mot gouvernement ne peut s'appliquer qu'aux ministres, agens révocables et responsables, et la critique, la censure même de leurs actes est un droit pour tous les citoyens ; d'après cette théorie, qui repose sur les principes professés par tous les publicistes, que deviennent les argumens du ministère public, que devient l'accusation ?

J'arrive, Messieurs, au résumé de M. le capitaine rapporteur ; je ne répondrai pas à ce qu'il a appelé ses considérations générales ; il vous a présenté un acte d'accusation, non seulement contre la France, mais contre l'Europe entière : à l'en croire, tous les états de l'Europe seraient sur le point d'être envahis par une troupe de désorganisateurs et d'anarchistes : la terreur qu'il a manifestée, je ne la partage point, et je ne crains pas que des magistrats, que vous, Messieurs, vous laissiez effrayer par un pareil tableau : si hors des rangs des amis des principes constitutionnels, il existe quelques esprits brouillons, je sais, et vous savez, Messieurs, que l'immense majorité des nations veut l'ordre, une liberté sage et le règne des lois, qu'elle est l'ennemie des principes subversifs, et abhorre l'anarchie : tout le reste n'est qu'un fantome, un rêve dont quelques esprits chagrins tour-

mentent leur imagination , ou sur lequel ils fondent de fol-
les et chimériques espérances. Tous ces maux que pré-
voit le ministère public, c'est aux sociétés secrètes, c'est
aux Carbonari qu'il les attribue, et remontant bientôt de
l'affaire qui nous occupe, à toutes celles sur lesquelles le
pouvoir a dirigé l'attention publique, il vous conduit à
Saumur, à Belfort, à La Rochelle, se flattant d'établir une
espèce de complicité ou de solidarité entre les accusés que
nous défendons et ceux qui figurent dans ces procès divers. Il ne m'appartient pas, Messieurs, de juger ces
derniers, mais si par des preuves ou des moyens quel-
conques la justice venait à découvrir parmi eux, des coupables, serait-ce à dire, que nos cliens aient dû parti-
ciper à leurs desseins, pourrait-on vouloir leur faire subir
le même sort ? de quelle manière établirait-on la connexité ; elle n'existe ni dans les faits, ni dans les épo-
ques: la trouvera-t-on mieux en attribuant ces faits à la
société des Carbonari dont on prétend que nos cliens
sont membres ; pourra-t-on raisonner ainsi? j'ai lu, Messieurs, tout ce que jusqu'à ce jour le ministère public a
publié sur l'affaire de Belfort, et dans ces documens, je
ne vois point de Carbonari; à Saumur, je vois une prétendue société de chevaliers de la liberté, et encore point
de Carbonari ; je puis donc répéter, où est la connexité
entre ces affaires, et sans elle, comment le ministère
public peut-il établir la complicité ?

En résumé, Messieurs, où est l'accusation? qu'est de-
venu cet échafaudage de prétendües preuves, élevé à
si grands frais et avec tant de soins: que reste-t-il contre
les accusés; car je ne vous ferai pas l'injure de penser
que la dénonciation du S.ʳ Charvais puisse être pour
vous un élément de conviction ; si, comme je me le
persuade, vous répugnez à vous servir de ses déclarations, vous arrêterez-vous aux prétendus aveux des accusés, à ces aveux rétractés ; à ces aveux si suspects à
raison des moyens mis en oeuvre pour les obtenir : si
vous vous décidiez à rejeter ces rétractations, pour adopter ces aveux, je pourrais y consentir encore, y rencon-

treriez vous un symptôme de criminalité? les accusés se sont avoués coupables d'opposition envers le gouvernement, serait-ce un crime? ils ont désiré le rétablissement de la loi des élections ; ce vœu qui sous le règne de l'ordonnance du 5 septembre eût obtenu les éloges du ministère qui gouvernait alors, serait-il coupable aujourd'hui? ils se sont réunis pour s'occuper de politique; de pareilles réunions forment un des droits des citoyens dans le gouvernement sous lequel nous vivons; elles sont même une des nécessités du gouvernement représentatif.

Enfin, Messieurs, si l'homme le plus vertueux, l'homme dont le caractère et les mœurs lui donneraient le plus de titres et de droits à votre confiance, se présentait devant vous, et vous proposait, sur sa simple allégation, de condamner un homme ; s'il ne pouvait vous fournir pour caution de l'équité de votre arrêt que sa probité et son serment, oseriez-vous sous la seule garantie de sa parole, condamner l'homme qu'il aurait dénoncé? Maintenant, Messieurs, si vous rappelez à votre mémoire le douloureux et hideux tableau que les débats d'hier vous ont offert, et dont je ne souillerai plus vos yeux en vous le représentant, oserez-vous porter un arrêt de condamnation contre des accusés que le S.ᵣ Charvais dénonce! non, Messieurs, vous n'établirez pas une jurisprudence aussi funeste; vous n'enlèverez pas aux citoyens la sécurité que la loyauté des magistrats et les saintes règles de la justice leur inspirent : si cette première sauve-garde de la vie et de l'honneur des citoyens leur était enlevée, si un lâche accusateur trouvait accès dans les tribunaux et parvenait, sans fournir les preuves les plus irréfragables, à faire fructifier sa calomnie : la terreur s'emparerait de tous les cœurs, tous les liens sociaux seraient brisés, il faudrait renoncer à toutes les relations qui font la consolation et le charme de la vie; qui de nous, Messieurs, ayant un lâche ennemi, et qui n'en a point, ne devrait à chaque instant trembler pour sa fortune ou pour son honneur; qui de vous, Messieurs, ne devrait trembler, si un vil ambitieux, dédaignant ou craignant de suivre la carrière honorable que vous avez parcourue, osait envier vos épaulettes, fruit et récompense de vos glorieux services? Non, la justice n'aura point à déplorer une si fatale aberration de ses principes immuables. L'arrêt que nous attendons, l'arrêt que vous allez prononcer, va rendre à la liberté trois citoyens, dignes, par leur malheur et leur caractère, de l'intérêt général qu'ils ont inspiré. L'arrêt que vous rendrez, apprendra au gouvernement qu'il est faux, qu'en Alsace il existe des ennemis du Roi et du trône constitutionnel; il apprendra qu'il est faux que Strasbourg, cette cité si importante par sa population et sa position, cette cité, l'un des premiers boulevards de la France, le siége de la loyauté Alsacienne, soit un foyer de révoltes et de conspirations; il apprendra qu'il est faux, que les rangs de cette armée qui durant nos tems de troubles et de malheurs a été si longtems le refuge de l'honneur national, qu'il est faux, dis-je, que les rangs de cette glorieuse armée française, soient, ainsi qu'un vil calomniateur a osé le prétendre, peuplés de sicaires et d'assassins.

M. le capitaine rapporteur se lève pour repliquer.

Il reproduit en commençant les charges qu'il a déjà développées, et qu'il soutient être demeurées dans leur entier: discutant ensuite quelques uns des moyens avancés par les défenseurs, il dit que relativement aux faits imputés au général Coutard, et aux renseignemens que les accusés prétendent avoir reçus de lui sur la composition de la société des Carbonari, il voudrait qu'on lui en fournît la preuve: quant à M. Peugnet, celui-ci avoue avoir reçu en route en se rendant à Paris, un billet de M. Trolé, dans lequel celui-ci lui a sans doute fait part de la soustraction du règlement: il termine en persistant dans ses conclusions.

M.e *Fargès*. Un mot, Messieurs; à l'égard de M. le général Coutard nous n'avons rien avancé, qu'il puisse désavouer: tout ce que nous avons dit, est puisé dans les réponses qu'il a fournies; le conseil les connaît et peut les consulter encore.

M.ᵉ *Liechtenberger.* Je ne répondrai qu'à la dernière observation de M. le capitaine rapporteur: il n'a pas réfléchi sans doute, que M. Trolé ne pouvait écrire que sous les yeux de deux gendarmes; et il serait trop plaisant de soutenir sérieusement qu'un billet écrit de cette manière, et abandonné un jour entier dans une auberge, eût pu renfermer une pareille confidence.

M. le Président demande aux accusés s'ils ont quelque chose à ajouter à leur défense.

Ils répondent négativement.

Il est deux heures. Le conseil se retire dans sa chambre de délibération.

Une voiture de place est dans la cour du palais: les accusés y montent avec des soldats; la voiture est escortée par six gendarmes; elle se rend à la prison militaire.

A quatre heures et demie le conseil rentre en séance.

M. le Président après avoir une dernière fois recommandé le silence, donné lecture du jugement suivant.

Le conseil délibérant à huis clos, seulement en présence du procureur du Roi, le Président a posé les questions ainsi qu'il suit:

Le nommé Valterre, Charles-Auguste-Joseph, qualifié ci-dessus, accusé d'avoir fait partie d'une association secrète, est-il coupable?

Les voix recueillies en commençant par le grade inférieur, le Président ayant émis son opinion le dernier, le conseil de guerre déclare à la majorité de cinq voix contre deux, que le nommé Valterre, Charles-Auguste-Joseph est coupable.

La susdite société secrète avait-elle pour but de détruire ou de changer le gouvernement?

Les voix recueillies de nouveau par le Président dans la forme indiquée ci-dessus, le conseil de guerre permanent déclare à la majorité de cinq voix contre deux, que la dite société n'avait pas pour but de détruire ou de changer le gouvernement.

Le nommé Valterre, Charles-Auguste-Joseph, qualifié ci-dessus, est-il coupable de proposition faite et non agréée de former un complot tendant à détruire ou changer le gouvernement?

Les voix recueillis de nouveau par le Président dans la forme indiquée ci-dessus, le conseil de guerre permanent déclare à la majorité de cinq voix contre deux qu'il n'est pas coupable de proposition faite et non agréée de former un complot tendant à détruire ou changer le gouvernement.

Le nommé Trolé, Jaques-Lami, qualifié ci-dessus, accusé d'avoir fait partie d'une association secrète, est-il coupable?

Les voix recueillies de nouveau par le Président dans la forme indiquée ci-dessus, le conseil de guerre permanent déclare à la majorité de cinq voix contre deux que le nommé Trolé, Jaques-Lami, est coupable.

La susdite société secrète avait-elle pour but de détruire ou de changer le gouvernement?

Les voix recueillies de nouveau par le Président dans la forme indiquée ci-dessus, le conseil de guerre permanent déclare à la majorité de cinq voix contre deux que la dite société n'avait pas pour but de changer ou de détruire le gouvernement.

Le nommé Trolé, Jaques-Lami, qualifié ci-dessus, est-il coupable de proposition faite et non agréée de former un complot tendant à détruire ou changer le gouvernement?

Les voix recueillies de nouveau par le Président dans la forme indiquée ci-dessus, le conseil déclare à la faveur de trois voix contre quatre qu'il n'est pas coupable de proposition faite et non agréée de former un complot tendant à détruire ou changer le gouvernement.

Le nommé Peugnet, Hyacinthe, qualifié ci-dessus, accusé d'avoir fait partie d'une association secrète, est-il coupable?

Les voix recueillies de nouveau par le Président dans la forme indiquée ci-dessus, le conseil de guerre permanent déclare à la majorité de cinq voix contre deux que le nommé Peugnet, Hyacinthe, est coupable.

La susdite société secrète avait-elle pour but de détruire ou de changer le gouvernement?

Les voix recueillies de nouveau par le Président dans la forme indiquée ci-dessus, le conseil de guerre permanent déclare à la majorité de cinq voix contre deux que la dite société n'avait pas pour but de détruire ou de changer le gouvernement.

Le nommé Peugnet, Hyacinthe, qualifié ci-dessus est-il coupable de proposition faite et non agréée de former un complot tendant à détruire ou changer le gouvernement?

Les voix recueillies de nouveau par le Président dans la forme indiquée ci-dessus, le conseil de guerre permanent déclare à la majorité de cinq voix contre deux qu'il n'est pas coupable de proposition faite et non agréée de former un complot tendant à détruire ou changer le gouvernement.

Sur quoi le Procureur du Roi a fait son réquisitoire pour l'application de la peine, les voix recueillies de nouveau par le Président dans la forme indiquée ci-dessus, le second conseil de guerre permanent faisant droit sur le dit réquisitoire condamne les nommés Valterre, Charles-Auguste-Joseph, Peugnet, Hyacinthe, à une amende de seize francs chacun et Trolé, Jâques-Lami, à trois mois de prison et tous trois solidairement au remboursement des frais et dépens du procès, conformément aux art. 33 de la loi du 13 Brumaire an 5, 291, 292, 293 et 294, section 7, titre 1.er du livre 3 du code pénal de 1810 et 1.er de la loi du 18 Germinal an 7.

Ordonne que les nommés Valterre, Charles-Auguste-Joseph et Peugnet, Hyacinthe, seront de suite mis en liberté s'ils ne sont détenus pour autre cause. Et charge le capitaine-rapporteur de l'exécution du présent jugement.

M. le Président. La séance est levée.

La foule se retire avec calme, la joie est peinte sur tous les visages; un quart d'heure après, les deux accusés acquittés, sont libres et se trouvent dans les bras de leurs amis.

Voilà quel a été le résultat d'une procédure si dispendieuse et si longue! Une simple contravention de police a été constatée: on avait annoncé une conspiration qui devait embrâser la France entière! Espérons que l'autorité, éclairée par cet arrêt de la justice, verra bientôt s'évanouir les inquiétudes que des rapports calomnieux avaient pu lui inspirer; espérons que la police municipale reprendra ses fonctions, que ses agens ne seront plus exclus du droit de diriger les patrouilles destinées à conserver l'ordre et à établir la sécurité des citoyens : espérons que les portes de la citadelle se rouvriront et que cette mesure, désormais sans prétexte, ne privera plus un quartier populeux de l'exercice d'une industrie trop longtems entravée, et à laquelle il se livrait sous la surveillance de l'autorité et sous la garantie des loix.

www.ingramcontent.com/pod-product-compliance
Lightning Source LLC
Chambersburg PA
CBHW060201100426
42744CB00007B/1122